栄東高等学校

SAKAE HIGASHI SCHOOL GUIDE SENIOR HIGH SCHOOL

競泳世界ジュニア大会→金メダル
背泳ぎ→ハワイ、ペルー大会２連覇

国際地理オリンピック→銀メダル
国際地学オリンピック→銀メダル
気象予報士試験合格

最年少!! 15歳
行政書士試験合格

全国鉄道模型コンテスト
理事長特別賞

東京オリンピック第４位
アーティスティック スイミング

チアダンス
東日本大会優勝

栄東の誇るサメ博士
サンシャインでトークショー

栄東のクイズ王
東大王 全国大会 日本一!!

産経国際書展 U23大賞

〒337-0054 埼玉県さいたま市見沼区砂町2-77（JR東大宮駅西口 徒歩８分）
◆アドミッションセンター TEL：048-666-9288 FAX：048-652-5811

CONTENTS

Success15

https://success.waseda-ac.net/

2

サクセス15
February 2024

Regulars

Special School Selection

東京都　荒川区　男子校

開成《かいせい》高等学校

個性を活かせる環境のもと リーダーとしての資質を育む

工夫が凝らされた質の高い学習プログラムを展開し、生徒の才能を大きく伸ばしていく開成高等学校。2023年夏には新校舎も完成し、さらなる学びの発展に期待が寄せられています。

高校新校舎が完成し 生徒同士の交流が広がる

開成高等学校（以下、開成）の歴史の始まりは、1871年にさかのぼります。加賀藩士・佐野鼎《かなえ》によって「共立《きょうりゅう》学校」の名で創立され、初代校長に高橋是清が就任し、学校の基礎が築かれました。

2021年には創立から150周年を迎え、記念事業として高校校舎の建て替えが行われています。同年夏に完成したA棟に続き、2023年夏には小体育館や特別教室があるB棟、図書館や学生ホールなどを備えたC棟ができあがりました。

これらの新校舎について、野水勉校長先生は「いままでの校舎を刷新し、全体の調和が取れた建物に作り替えました。中学の校舎とも連絡通路でつながるようになり、中央に学生ホールも設けましたので、中高の生徒が互いにアクセスしやすくなりました。また部活動や同好会の活動の場としても使えるよう、新たに予備教室やフリースペースなどもたくさん設けましたので、生徒からも居心地がいいと評判です」と話されます。

学校名の由来になった「開物成務」は中国の古典『易経』にある

野水《のみず》 勉《つとむ》 校長先生

School data

所在地：東京都荒川区西日暮里4-2-4
アクセス：JR京浜東北線、JR山手線、地下鉄千代田線、日暮里・舎人ライナー「西日暮里駅」徒歩2分
生徒数：男子のみ1211名
T E L：03-3822-0741
U R L：https://kaiseigakuen.jp/

- 3学期制
- 週6日制
- 月～金6時限（7・8限が選択授業）、土4時限
- 50分授業
- 1学年8クラス
- 1クラス約50名

言葉で、「人知を開発し、事業を成就させること」という意味を持ちます。教育理念には「質実剛健」「自主自立」「進取の気性と自由」「ペンは剣よりも強し」を定めています。このうち「ペンは剣よりも強し」は、「いかなる権威にも屈しない学問の優位を信ずる」という信条を示しており、校章のモチーフとして、いまも校舎の正面に掲げられています。

「こうした考えを集約したうえで、私たちは、自立した強い精神力を持ち、飾らない人柄によって人の信頼を集め、率先して新しい分野を切り拓いていく人材を育成したいと考えています。将来リーダーとなる資質を持った生徒たちであるからこそ、1人ひとりが多様性を理解し、マイノリティーにも配慮できる人間性を養ってほしいです」（野水校長先生）

高校からの入学生が新しい風をもたらす

開成には毎年、開成中学校から300人の生徒が進学し、高校から100人が受験を経て入学します。新入生は50人ずつ2クラスに分かれ、高1の間は内部進学生とは別々に授業を受けます。

すでに高校の学習範囲を勉強し始めている内部進学生に追いつけるよう、高校の入学生は全員、週2回の補講を受講します。標準カリキュラムに加えて1年間、しっかりと補講を受けることで知識を定着させ、高2からは混在クラスとなって勉強を進めていきます。

「内部進学生は受験がない分、ときには中だるみをしてしまうこともありますから、新入生が入ってくると学内に新しい風が吹き、お互いにいい刺激を受けるというよさがあります。さらに最近は、ご家族に外国籍の人がいたり、海外生活を経験したりしたうえで本校に入学してくるという生徒も増えています。多様性を広げてくれるという点からも、高入生の存在に大きな意義を感じています」と野水校長先生。

また、学校の雰囲気になじめるか不安に思う方もいるかもしれませんが、心配はいりません。入学から半年後に行う「学校は楽しいですか?」というアンケートに対し、どの学年も95%以上がポジティブな回答をしています。高入生に限ると98%という値になることからもわかるように、それぞれが充実した日々を送っています。

「本校には毎年、ある分野にとても長けていたり、こだわりの趣味を持って学外でも活躍していたりするなど、色々な才能を持った生徒が集まってきます。気の合う友人もきっと見つけられることでしょう。入学後は、様々な個性を受け入れる本校の環境で伸びのびと過ごし、自分の才能をさらに大きく開花させていってほしいと期待しています」(野水校長先生)

様々な別解を引き出す自主教材の数々

開成の授業の特色は、教科書の勉強にとどまらず、発展的な内容を盛り込んだ自主教材を用いて実施することにあります。ここで意識されているのは、生徒に「考えさせる」教育を行うことです。

例えば国語の読解では、「作品研究ノート」「研究レポート集」を作成し、作品が書かれた時代や背景をふまえたうえで、様々な視点から1つのテキストを読み解くなどの取り組みを実践しています。また数学も、単に答えを導いて終わりにするのではなく、別解やほかの解法がないかどうかをクラス全体で考え、教員とともにその考えが成り立つのかどうかを検証して

施設

「縦横の濃い交流」が生まれることをめざして生まれ変わった新校舎。設計デザインには美術科の教員も携わっています。

学生ホール

化学第1実験室

小体育館

武道場

図書館

美術室

いきます。
さらに開成には、小説家や俳人、芸術家として活躍する教員もおり、プロから直接作品の作り方や味わい方の指導を受けることで、芸術的感性も大きく成長させていきます。こうした指導の成果は様々な場所で実を結んでおり、愛媛県松山市で開催される「俳句甲子園」で俳句部が4年連続優勝を果たすなど、生徒は活躍の幅を広げています。

確かな英語力を身につけ海外大学進学に挑む

開成は、留学や海外進学をめざす生徒へのサポートも充実しています。通常授業とは別に、放課後に設けられた7・8限を使って、ネイティブスピーカーの教員がディスカッションやエッセイライティングの指導、留学の情報を紹介する「高校英語特別講座」（希望者対象）が実施されています。

「海外大学へ入学できるくらいの高い英語力を身につけるには、こうした機会を見逃さず、積極的に学ぶ姿勢を持つことが大切です。海外大学進学レベルの力を習得していくのは、大学生でもなかなか難しいものがあるのですが、開成では毎年10％程度がこの基準に達しており、頑張りを実感します」と、野水校長先生も生徒の努力に目を見張ります。

このほかにも、海外大学へ進学した卒業生や、現地大学の入試担当者を招いて話を聞くことができる「カレッジフェア」、サマープログラム、英語を母語とする留学カウンセラーの配置など、国外に目を向ける機会が豊富に用意されています。

「違う文化を持つ人と交流すると、世界観や人生観が変わります。言いたいことが伝わらないもどかしさを味わいながら、なんとかコミュニケーションが取れるよう工夫をしているうちに、自然と世界が広がっていくはずです。現地で英語を使うことができたという経験も自分の自信となり、人間性を大きく成長させてくれるでしょう」（野水校長先生）

またこれまで、海外で学ぶことに興味を持つ生徒が、費用の面か

授業

どの教科の学習においても、実際に手を動かし、様々な角度から考察することが重視されています。

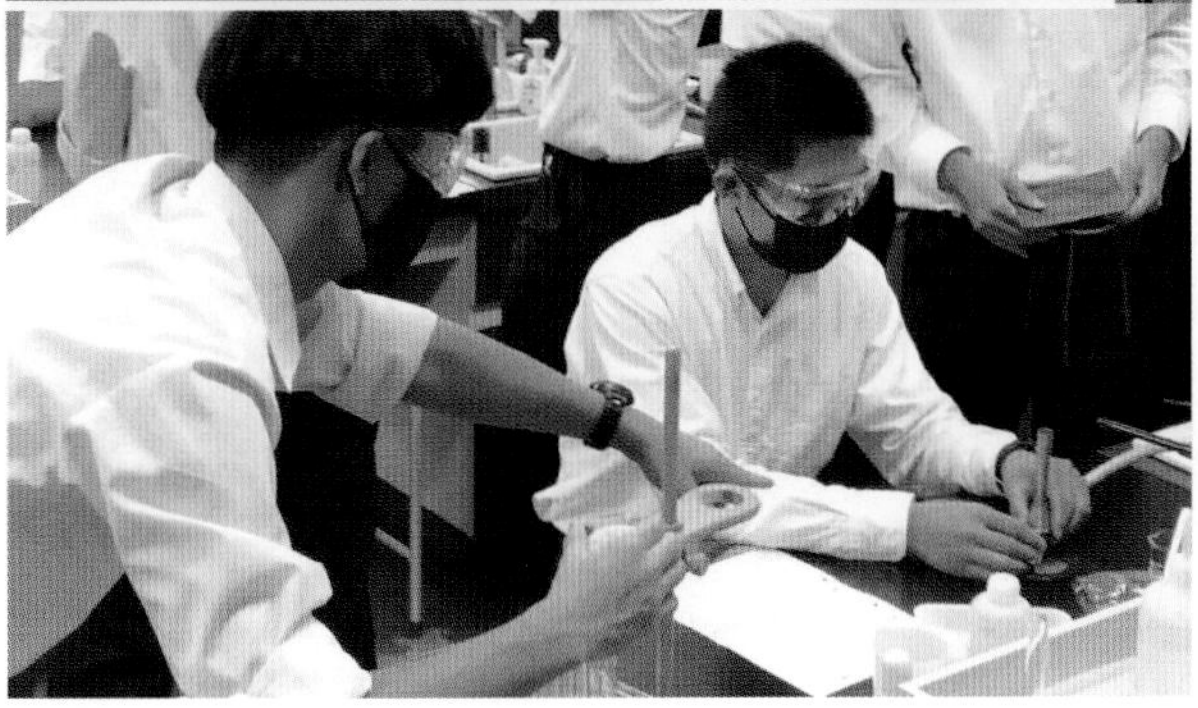

カレッジフェア

毎年40人～100人の生徒が集まります。また、保護者の参加も可能です。

徳島県吉野川でのラフティング

鳥取砂丘でのパラグライダー体験

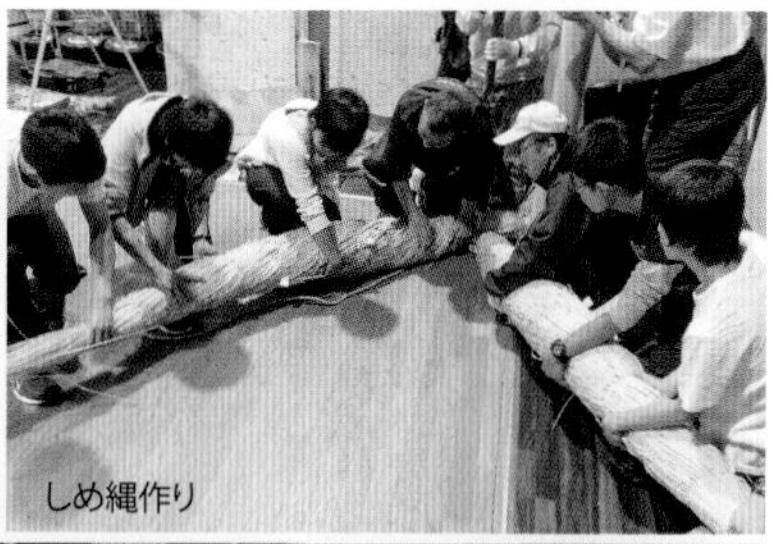
しめ縄作り

愛媛県滑床渓谷でのキャニオニング

うどん作り

旅行風景

企画の段階ではバラバラの意見が出ることも。それぞれの考えを聞き、対話を重ねて意見をまとめあげていくなかで、ソーシャルスキルも育まれていきます。

ら断念せざるを得ないというケースがあったことを受け、開成では今後、留学や海外進学を希望する生徒に向けた奨学金制度を設けることも検討していくそうです。

学校行事を通じて主体性や協働の力を育む

開成生は勉強以外の学習の機会にも、全力で取り組みます。高1の学年旅行や高2の修学旅行では、旅行委員の生徒を中心に、行き先の検討や現地での活動内容を自ら考え、企画を作り上げていきます。

2022年度の修学旅行では瀬戸内海の因島《いんのしま》を訪れ、かつて村上水軍が用いた和船「小早《こはや》」を用いた祭りのレースに参加し、地元の人との交流を深めました。また2023年度には、九州方面に出かけて無人島に上陸したり、奄美地方の文化について見聞を深めたりするアクティビティーに取り組んだといいます。

生徒が中心となって企画を運営していくことに関して、野水校長先生は「自分たちの裁量次第で色々なことにチャレンジできるからこそ、よりよい旅行にしようという気持ちも湧いてくるはずです。『任されている』という意識を持ってもらうことで、生徒の主体性を伸ばしていきたいと考えています」とその狙いを話されます。

また、学年を越えたきずなが育まれるのが5月に実施される運動会です。中1〜高3までを縦割りで8色の組に分け、各組で2部合唱の応援歌（エール）を作曲したり、応援席の背後に掲げる独特の壁絵（アーチ）を描いたりします。

事前準備から本番まで、高3の生徒がリーダーとなって指揮を執り、どの学年のどの生徒もそれぞれの役割を果たすことができるよう、責任感を持って係の仕事に取り組みます。アクシデントがあったときも、すぐに教員の手を借りるのではなく、生徒たちのなかで相談して解決策を模索していくことで、仲間と協働して問題を解決する姿勢を育んでいきます。

卒業生の活躍を知り 自分の未来像を描く

キャリア学習においては、高1を対象に「ようこそ先輩」のプログラムが実施されています。開成の卒業生を講師に迎えて、現在の仕事内容や、進路決定の際に重視したことなど様々な話を聞き、進学先の検討やその先の将来について考えを深めていきます。過去には研究者や起業家、現役の県知事や芸術家など、様々な職種の人が在校生に向けて貴重な体験談を話してくれました。

講師としてどんな人を招くかは、教員が決定する一方で、生徒が自主的に話を聞きたい人を見つけて交渉をすることもあるといいます。また、先ほどご紹介した旅行行事でも、訪れた土地とゆかりがある人にキャリアや人生観について話してもらえるようお願いをするなど、学びのチャンスを見逃さないようにする主体的な姿勢は、こうした場面にも表れています。

このように、周囲の環境や友人に刺激を受けながら、学力だけでなく幅広い力を培っていく開成生。3年間で学んだことを自分の糧にして、未来を担うリーダーとして世界に羽ばたいていきます。

結びに野水校長先生から、読者のみなさんへのメッセージです。

「受験は結果以上に、どのように勉強へ取り組んだかというプロセスが大切です。知識を詰め込むだけではおもしろくないので、博物館や美術館に出かけたり、ものづくりの体験をしてみたりして、そこで興味を持ったことを一生懸命に探究してみましょう。

開成には、そうして突き詰めたものを仲間と共有し、互いに高めあっていける環境が広がっています。入学後は自分の個性を発揮して、伸びのびと学校生活を楽しんでください」

学校行事

運動会

5月の運動会は、高入生と内部進学生の距離が縮まる行事の1つ。荒川の河川敷を走るマラソン大会など、心身を鍛える機会が充実しています。

マラソン大会

■ 2023年3月　大学合格実績抜粋（ ）内は既卒

国公立大学		私立大学	
大学名	合格者数	大学名	合格者数
北海道大	6（3）	早稲田大	192（87）
東北大	8（2）	慶應義塾大	163（73）
筑波大	7（1）	上智大	34（21）
東京大	148（30）	東京理科大	62（31）
東京医科歯科大	9（1）	青山学院大	9（5）
東京外国語大	1（0）	中央大	18（11）
東京工業大	5（2）	法政大	5（4）
一橋大	9（4）	明治大	44（36）
横浜国立大	5（1）	立教大	4（3）
千葉大	17（5）	学習院大	7（6）
京都大	10（4）	国際基督教大	1（0）

写真提供：開成高等学校　※写真は過年度のものを含みます。

その研究が未来を拓く

研究室にズームイン

海底下にいる微生物の不思議を探る

海洋研究開発機構高知コア研究所
物質科学研究グループ　上席研究員
諸野《もろの》 祐樹《ゆうき》 先生

日本には数多くの研究所・研究室があり、そこではみなさんの知的好奇心を刺激するような様々な研究が行われています。このコーナーではそんな研究所・研究室での取り組みや施設の様子を紹介していきます。今回は海洋研究開発機構高知コア研究所・諸野祐樹先生の微生物についての研究を取り上げます。

画像提供：諸野祐樹先生、JAMSTEC

©JAMSTEC

諸野《もろの》 祐樹《ゆうき》

JAMSTEC高知コア研究所 物質科学研究グループ 上席研究員。2004年 東京工業大学大学院 生物プロセス専攻修了 工学博士。専門は地球微生物学。
産業技術総合研究所（茨城県つくば市）で2年半博士研究員生活を送った後、2006年秋からJAMSTEC高知コア研究所に勤務。三児の父。

地球の支配者は微生物なのか

目ではとらえることができない小さな存在「微生物」。彼らは、私たち人間のような身体を有してはいません。細胞1つで構成されている微生物は「単細胞微生物」と称されており、人間も含め生命の始まりは単細胞微生物だったとされています。

単細胞微生物は分裂して数を増やします。しかし、分裂といっても、まったく同じものができあがるとは限らず、分裂の際になにかしらの「間違い」が一定の割合で起こります。その間違いによって少しずつ異なるものに変化し、それが繰り返されて、現在の生物多様性が実現されたと考えられています。

そう聞くと、微生物はとても原始的な生物であり「人間みたいに色々なことはできないんじゃない？ 人間の方がすごい！」と思うかもしれません。しかし侮ることはできないのです。微生物は空気、水、土をはじめ、私たちの皮膚、お腹のなかなど、あらゆる場所に存在し、いない場所を探すのが難しいほどです。

人間は科学技術を発展させ、「地球の支配者」であるかのようにも思えますが、生活を営む場所は陸地という限られた場所です。それに比べ、微生物はどこででも生きていけるのですから、微生物こそ地球の支配者と呼べるのかもしれません。

そんな微生物の研究をされているのが、海洋研究開発機構（JAMSTEC、ジャムステック）高知コア研究所の上席研究員・諸野祐樹先生です。諸野先生はなんと、微生物が1億年もの間、土のなかで「死なずに」いたのだということを発見しました。

掘削作業のイメージ。底の一部に「ムーンプール」という穴があいており、そこから掘削のためのドリルパイプを海底下に降ろします。

ちきゅう

全長210mもある巨大な船「ちきゅう」。2005年に就航しました。掘削フロアや研究区画があるのが、掘削船としての特徴です。

掘削船が採取した地層試料を保管管理する高知コア研究所には、液体窒素を使ってマイナス170℃で地層試料を保管する設備もあります。

高知コア研究所

総延長140㎞を超える海底下地層試料を収蔵するコア保管庫。温度は深海の温度に近い4℃に設定されているほか、万が一の津波被害を避けるために水が入り込むことのない「水密ドア」で守られています。

土のなかで1億年のときを過ごしていた

ジャムステックは、その名が示す通り「海洋」をフィールドとする研究所。海の研究を通じて、地球そのものや生命についての理解を深めることをめざしています。

海洋を探るための調査船や探査機をいくつも保有しており、そのうちの1つ、地球深部探査船「ちきゅう」は、なんと海底下を7000mも掘ることが可能な、日本が世界に誇る技術が詰まったものです。「ちきゅう」などが掘削してきた地質試料「コア」は、諸野先生がいる高知コア研究所に保管されています。

「試料はジャムステックだけのものでも、日本だけのものでもありません。海底下で得られた試料は、海域ごとに日本の高知コア研究所、アメリカのテキサス、ドイツのブレーメンにある施設に保管すると世界で決められており、どの国の研究者でも自由に使うことが可能です。私もそうした試料を使って研究しており、1億年前の地層にいた微生物を増殖させました」と語る諸野先生。

1億年前の地層……海底下になぜそのようなものがあるのかと尋ねてみると「みなさんはマリンスノーをご存知でしょうか。テレビなどで深海の映像を目にしたことがあるかもしれませんが、その際、海のなかで雪のように降る白いもの、それがマリンスノーです。その正体はプランクトンの死骸や排泄物など。海底にはマリンスノーが少しずつ降り積もり、長い年月をかけて新しい海底が作られていきます。そのため、海底下には古代の地層も眠っているんですよ」と説明してくださいます。

1億年前、海底には現在と同様に微生物が存在していました。そんな彼らの上にマリンスノーが降り積もり押し固められていった結果、土のなかで身動きができなくなったまま1億年のときを過ごすことになったのです。人間にとっては想像のおよばない途方もない時間です。

サンプルは600本!? 果てしない作業を船上で

諸野先生が1億年前の地層を手に入れるために乗ったのは、アメリカの「ジョイデス・レゾリューション号」です。日本の「ちきゅう」と同様、海底下を掘削できる船です。

そのときのことをうかがうと「あれは大変な作業でした。掘削された試料から、円筒状に土を取り出してガラス瓶に詰め、瓶内の酸素を一旦

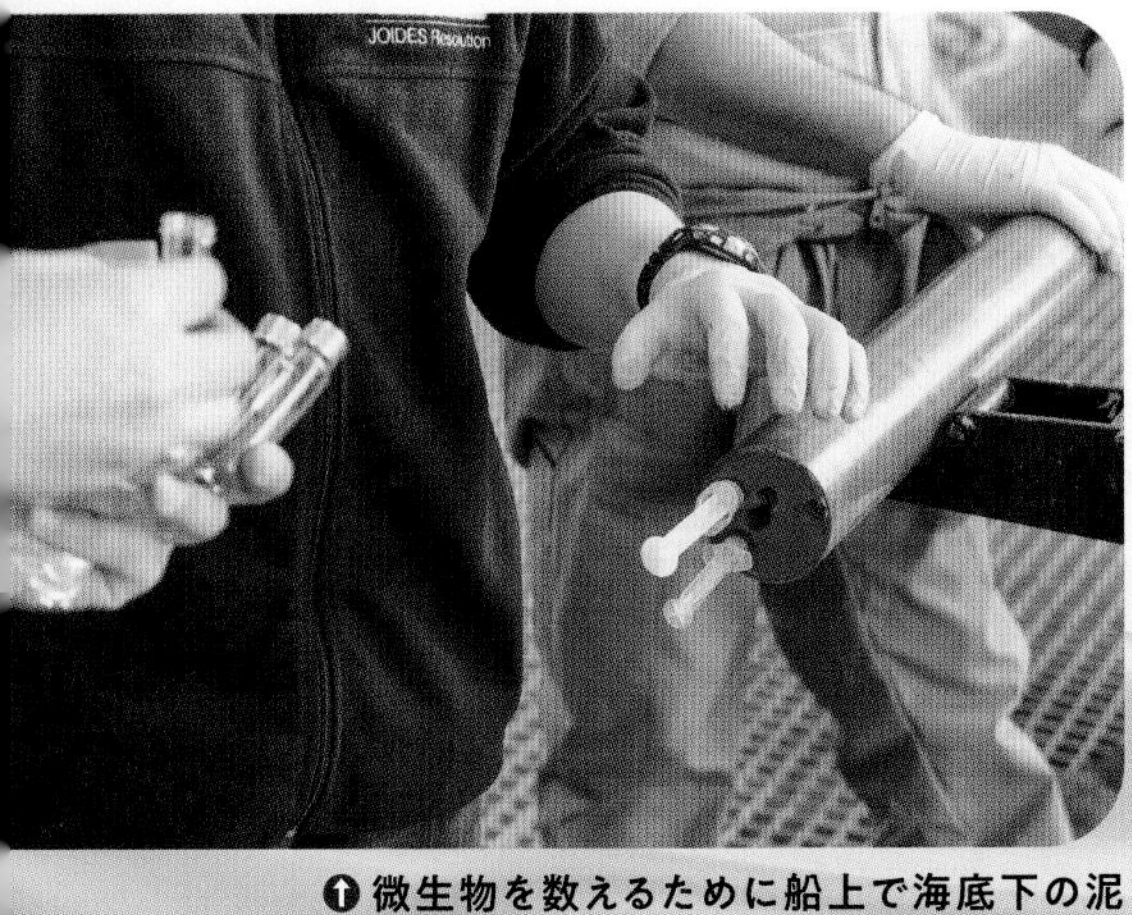

↑微生物を数えるために船上で海底下の泥を取り分けます。

ジョイデス・レゾリューション号

1985年から活動しているアメリカの深海掘削船。2007年から2008年にかけて大規模な改造が行われ、現在も活躍中です。

↓掘削航海は様々な国から研究者が乗船して行われ、その専門分野も多様です。微生物だけでなく、太古の地球環境を探る研究なども進められます。

↑諸野先生をはじめ、研究者の方々が準備されたサンプル。

Photo courtesy of IODP JRSO

大発見

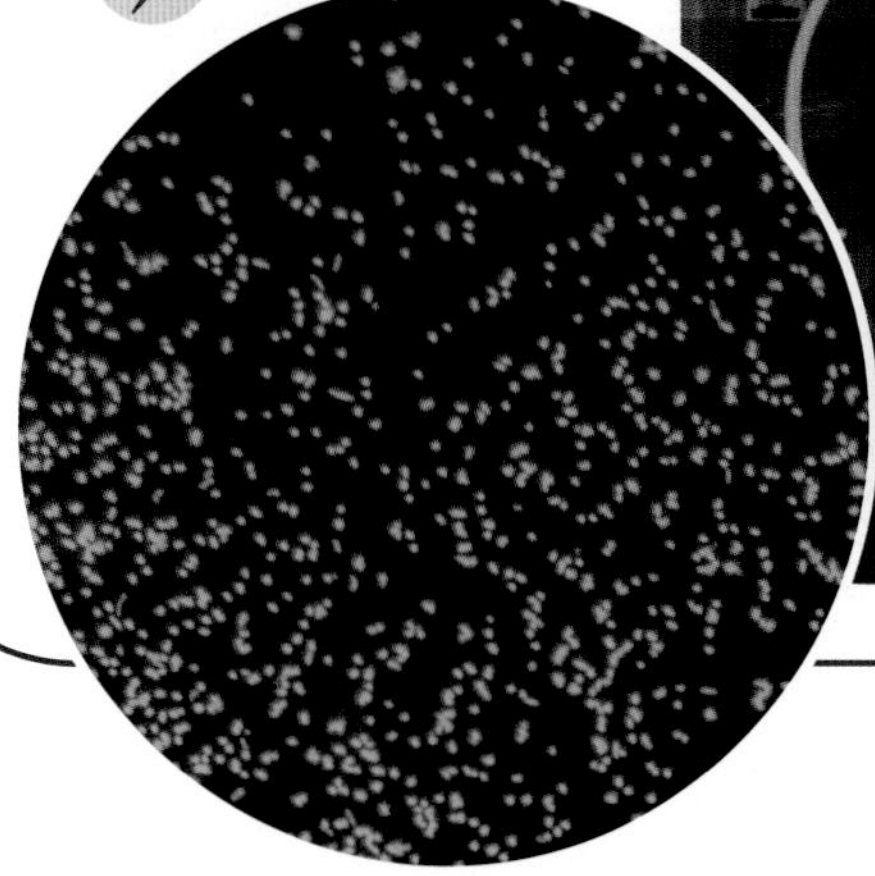

1億年前の地層のサンプル作りをされる諸野先生。冷たい風が吹く環境に耐えながら作業をされました。この作業の結果、1億年もの間、「死なずにいた」微生物を発見しました。

Photo courtesy of IODP JRSO

抜くために窒素を入れ、改めて適量の酸素を注入する、そのうえで微生物のエネルギーとなる『エサ』を投入する……これを繰り返して600本のサンプルを作ったんです。間違えないように、どの作業が終わったのかマジックで印をつけながら、寝る間も惜しんで作業を進めました。さらに、半分ほどの作業はサンプルを保管する冷蔵庫のなかで行いました。熱々のコーヒーも、30分後にはアイスコーヒーになってしまうような状況下です。果てしない作業でしたが、発見のタネがあるはずだという気持ちがモチベーションになっていましたね」と当時を振り返ります。

ここで微生物の「エサ」というワードが出てきました。みなさんは微生物がなにをエサとするかわかりますか。もちろん微生物の種類によって好むものは異なりますが、例えば炭素はエサになりえます。

微生物を含め生命はすべて、炭素、酸素、窒素、水素で身体の大部分が構成されています。そのため炭素は生命活動に欠かせないものなのです。ただし、炭素であればなんでもいいというわけではなく、有機物、という生物が栄養とできる形の炭素であることも必要です。微生物に有機物炭素を与えて身体に取り込んだかどうかを測定することで、生きているかどうかを判断することが可能になります。

ただし、この判断をするためには、生きている状態以外で、炭素を取り込む場合があるという可能性をあらかじめ排除しておかなければなりません。そのため残酷なようですが、あえて微生物を死んだような状態にして、炭素を取り込むかどうかの実験も行われたといいます。様々な可能性を考えたうえで、研究を進められていることがわかります。

なお微生物の実験をする際に重要なのは、実験環境がクリーンなこと。すでにお伝えしたように、微生物はあらゆるところに存在していますから、実験中にそれらが紛れ込んでしまっては、現代の微生物なのか、1億年前の地層にいた微生物なのかがわからなくなってしまいます。そうした事態が起こらないよう、高知コア研究所には清潔な実験室「クリーンルーム」が複数あります。なかには、数万分の1㎜のホコリさえも入り込めないクリーンルームも。

こうした作業を経て、諸野先生は1億年前の微生物が「死んでいなかった」と結論づけたのです。

「新たな発見をしたら、論文を通じて世界に発表します。ただ、論文が科学的な専門誌に載るためには、査読と呼ばれる、同分野の研究者からの精査を受けなければなりません。反論を受けた場合には、追加のデータを出すなどしながら正しさを示します。1億年前の微生物の増殖に成功したという論文を発表した際は、掲載まで1年半ほどかかりました。長い戦いですが、勝利で終わると鳥肌が立つほど嬉しいものです」と笑顔で語る諸野先生。

生きていたのではなく死んでいなかった？

ところで、冒頭で微生物が「土のなかで『死なずに』いた」とお伝えしました。なぜ「生き続けていた」ではなく、「死なずに」なのか、疑問を持った方もいるでしょう。

その理由には、1億年前の地層には、微生物が活発な生命活動をできるほどの栄養がないということがかかわっています。例えば発見された微生物を、人間と同じような大きさ、60kgに換算した場合、1日に得られる栄養は諸野先生の計算によると「米30粒」。カロリーに換算すると3キロカロリーにしかなりません。

「人間であれば餓死してしまうほどの微量のエネルギーです。しかし微生物は死なない。理由はまだ明らかになっていないものの、海底の奥深くに眠っていた微生物は、様々な生命活動を制限していたのではないかと考えられます。分裂もそんなに頻繁にはできない、むしろ栄養が足りずに身体が壊れていくことさえあるでしょう。ですから『死んでいなかった』という表現の方がしっくりくるんです」と諸野先生。

研究者という職業のいい面と大変な面

1億年のときを経て、この世に小さくて大きい「生」をもたらした諸野先生。研究者とはすばらしい職業だ、と感じますが、意外にも「おすすめできる職業かと聞かれたら、『はい』とはなかなか答えられないです(笑)」とのこと。続けて聞いてみると、「研究者はポジションを得るのが極めて難しいといえます。大学や研究所では基本的に研究者の定期採用はしていないので、自分の望むタイミング・分野で募集が出るとは限りません。私はいまジャムステックの研究者ですが、人生をやり直したとき、もう一度ここにたどり着けるか、自信はないんです(笑)。

ただやはり自分の興味を追究できる、それに賛同してもらえたならばお金も稼げるという『好きを仕事にできる』のはいい面といえるでしょう。もし研究者になりたいと考えている人がいたら、いい面と大変な面の両方を理解したうえで、めざすべきだと思います」とおっしゃいます。

では、それをわかったうえで「研究者になりたい」と考える中学生にアドバイスを、とお願いすると「そもそも研究とはなにか。それはわかっていないことを明らかにすることでしょう。とするならば、研究者は『わかっていないことはなにか』を知らなければなりません。みなさんが学校などで学んでいる内容は、これまでに判明している知識の積み重ねです。それをきちんと理解しておくことは、研究者になるためにも大切です。その知識がなければ、わかっていることとわかっていないことの境界を探す作業もできません。

そして境界を見つけたあとには、ほかの研究者との競争が待っています。彼らに勝つためには、自分だけの『武器』を持つことが重要です」と話してくださいます。

間違いから生まれた新たな発想と方法

そう語る諸野先生の武器は、これまでお伝えしてきたような「貴重な試料が手元にあること」「ほかの人

1

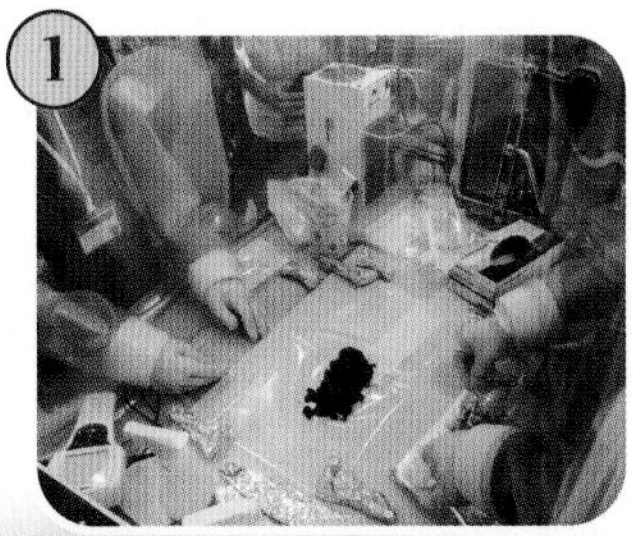

酸素がないところにいた微生物を扱える設備。無酸素状態にでき、またクリーンルームとしての機能も備えています。

2

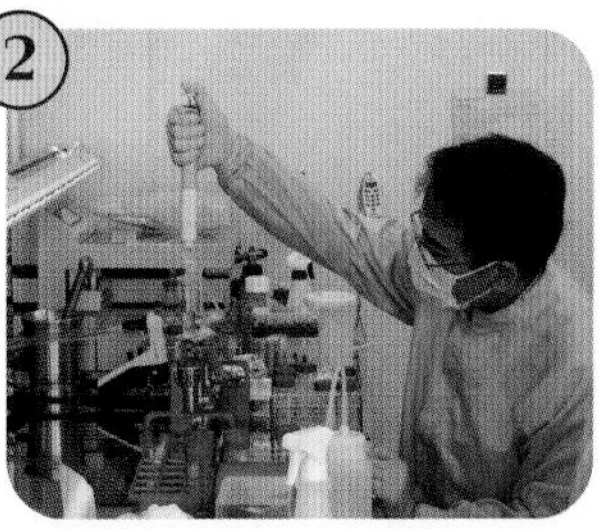

クリーンルームで作業をする諸野先生。他の微生物やホコリを排除した環境です。

温度で

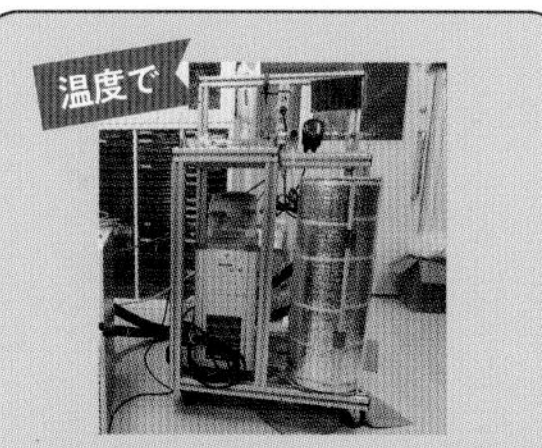

温度を変えながら、土中にいる微生物にエサを与える実験を行っています。

水で

微生物のいる土に水を加え、ノズルから細かな粒にして放出できる実験装置。微生物がいる粒のみを選別できます。

奥の壁から空気が「層流」となって出てくるクリーンルーム。「層流」とは、上下左右に空気が混じりあうことなく規則正しく流れること。壁際に横一直線で伸びる白い棒は静電気を除去する装置。静電気もホコリなどを呼び込むため、実験には大敵です。

3

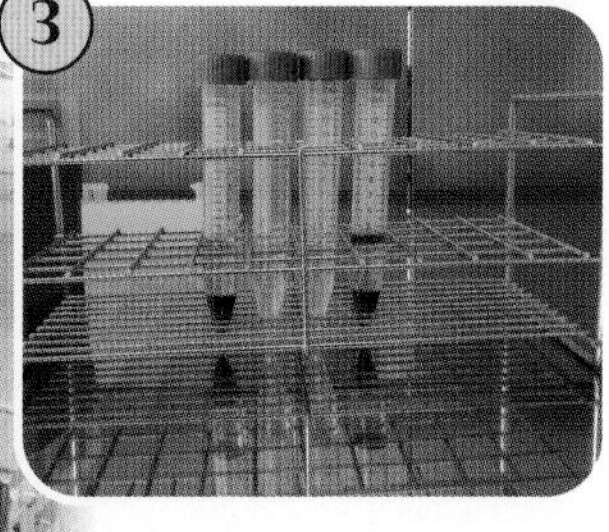

泥のなかから微生物を見つけ出すために、微生物を浮かして泥と分離します。

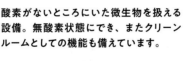

には見えなかったものを見えるようにしたこと」だといいます。

　見えなかったものを見えるようにした、とはどういうことなのでしょう。話はジャムステックの研究員となった17年前にさかのぼります。

　諸野先生のジャムステックでの初仕事は、泥のなかの微生物を数えること。そのとき使ったのは、DNAを持つものに反応して緑色に光る試薬を使う方法です。すると、世紀の大発見といわれるほどたくさんの微生物が見つかりました。そのころから、大きな発見をされていたのだと思ったら、当時の諸野先生の心には不安が渦巻いていたそうで……。

「私がそれまで見たことのあった微生物は丸や俵の形をしていたんです。しかし、そのときの緑色に光るものには四角形やとがった形のものまであって、どうもおかしいと感じていました」（諸野先生）

　そこで諸野先生は実験を続行。すると泥の粒子に染色剤がくっついていることがわかり、それが試薬に反応したことで、DNAを持っていない泥の粒子も明るく光っていたことが判明しました。

　ではどう見分けるか……。着目されたのは色の違い。泥の粒子は、緑色ではなく黄色く光っていたのです。「緑色と黄色を見間違うのかな」と思う方もいるでしょう。その理由は、顕微鏡で観察する際、緑色の光を見る場合には、その明るさがよくわかるように緑色のフィルターを通すのがつねだからです。

　光の三原色は赤、青、緑で、ほかの色はそれらを混ぜて作ります。ですから黄色の光には緑色の要素がもともと入っているのです。そして緑色のフィルターによって、光のなかから緑色の要素だけを取り出して観察することが可能になります。そのため黄色の光のなかにある緑色の要素が観察され、それらも微生物だとカウントされたのです。

　諸野先生は、一旦緑色のフィルターを外しました。そこで色の違いに気づき、改めて黄色のフィルターと緑色のフィルターを使って2度データを取り、それらを重ねあわせて計算するという方法を考え出したのです。こうして微生物のみを正確に数えられるようになったところ、これまで微生物としてカウントしていたものの99％が微生物ではなかったという結果になったといいます。

「世界に発表する前に間違いがわかってよかったと安堵しました。その試薬を使う方法は、以前から行われていたものでしたが、それでも間違いが起こることもあるのだと学びましたね。

ただ科学の世界で間違いは『悪』ではないんです。人間ですからミスはします。間違えたら正せばいい、というのが科学のスタンスです」（諸野先生）

ジョイデス・レゾリューション号の船内。船内にも研究のための様々な機器が用意されています。

　新たな方法を見つけ出したことは、諸野先生の強みになったと同時に、その後の研究者人生における姿勢にもつながったといいます。

　諸野先生は「これは真実なのか、と疑う姿勢を持つことも大切だと感じています。みなさんがいま学んでいることも不変の真理ではなく、間違っているものがあるかもしれません。鵜呑《うの》みにせず、自分で判断する姿勢が必要です。

　また自分を客観視することも意識しましょう。没頭しているときは目の前のことしか見えなくなります。しかしそうすると、自分が進んでいる方向が当初の予定とずれていたとしても気づかないでしょう。ですから、ときに自分を俯瞰《ふかん》することも重要です」と話されます。

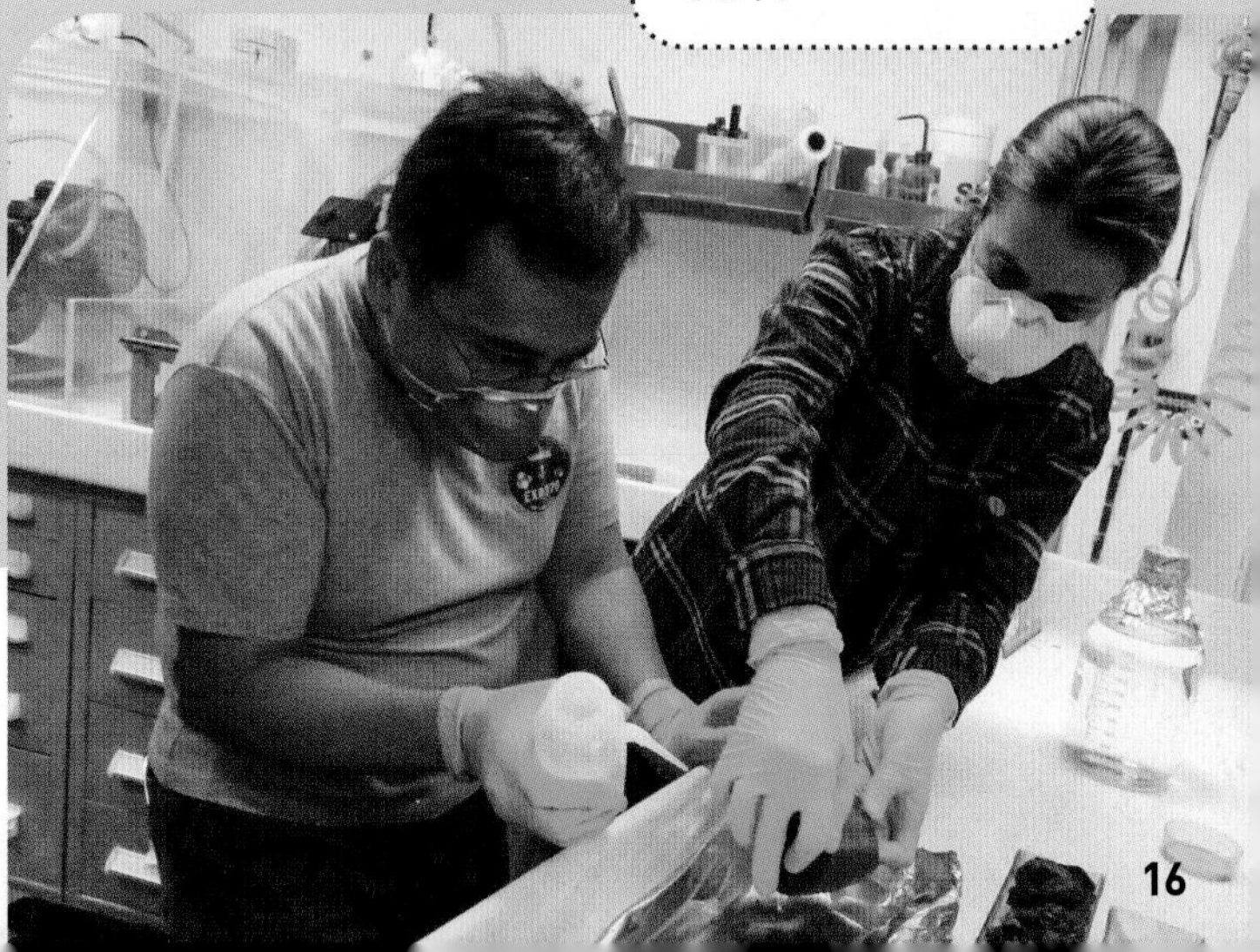

国内、国外にかかわらず、ほかの研究者と協力して研究を進めていきます。

気持ちを振りきって 不安を吹っきる

　1つの間違いを新たな発想につな

掘削船には諸野先生のような微生物の研究者だけでなく、岩石や水についての研究者、そして掘削作業を担当するエンジニアも乗船します。「分野が違ってもわかりあえるよう、協調性や互いを思いやる心を持たなければなりません」と諸野先生。

Photo courtesy of IODP JRSO

げた諸野先生。なかなか真似できないことにも感じられますが、「うまくいかない経験というのは、そう悪いことばかりではありません。自分の対応力を上げることにも役立ちます。もし、みなさんが失敗したくないと二の足を踏んでいることがあれば、まずはやってみましょう。行動を起こさなければ、物事がプラスの方向に向かうことはありえません。といっても、私も不安を感じる気持ちはわかります（笑）。

失敗してしまったら、早めに経験できてよかったと発想を変えてみてください。みなさんはまだ若いので、つまずいたとしても若さをパワーに乗り越えていけるはずです。やりたいことがあれば、それに向けて気持ちを振りきる、不安を吹っきる。そうすればいい結果が待っていると思います」と話してくださいます。

加えて、やりたいことが見つかっていないみなさんには、「選択肢を狭めないように」というアドバイスをいただきました。

「受験でもそうです。学力を上げておけば志望校として選べる学校は増えます。選択肢を狭めないように努力して、そのうえで自分しかできないことを探して生きていく。この『自分しかできないこと』を見つけられれば、自らの人生をどう進めていくか、自分で舵を取れるはずです」

小さな微生物が持つ大きな可能性に迫る

選択肢を狭めないための勉強は、中高時代の諸野先生も実践されていたそう。そのなかで、生物を専門的に学ぼうと思われたのは、「生きものが動く仕組みについて知りたい。生きものを作り出してみたい」という思いがあったからだといいます。ただ、それは現代の科学が到達していない世界の話です。

そこで、大学では「生物工学」を専攻されました。生物工学とは、微生物などをコントロールしてなにかをさせる学問だと諸野先生は説明されます。例えば微生物にお酒や薬を作らせるといったことです。諸野先生が学生時代に取り組んでおられたのは「微生物に環境汚染物質の分解をさせること」。そこでも、微生物が生きているか、死んでいるかを見極める新たな方法を作り出したといいます。そのころから、自分だけの「武器」を見つけて研究に邁進《まいしん》されていたことがわかります。

そんな諸野先生がいま一番知りたいと考えているのは、「生きものが棲むことのできる温度の限界」。「これまでに、１２２℃の環境下で生きられる微生物が見つかっています。私は、１２５～１５０℃あたりが限界ではないかと予想しているんです。それを確かめるために、現在どのあたりの海底下を掘るべきかを検討しています」と、今後の研究について楽しそうに語られました。

小さな身体に大きな不思議を秘めた微生物。そんな微生物の研究に、独自の「武器」を持って立ち向かう諸野先生。これからも微生物の新たな可能性を私たちに届けてくれることでしょう。

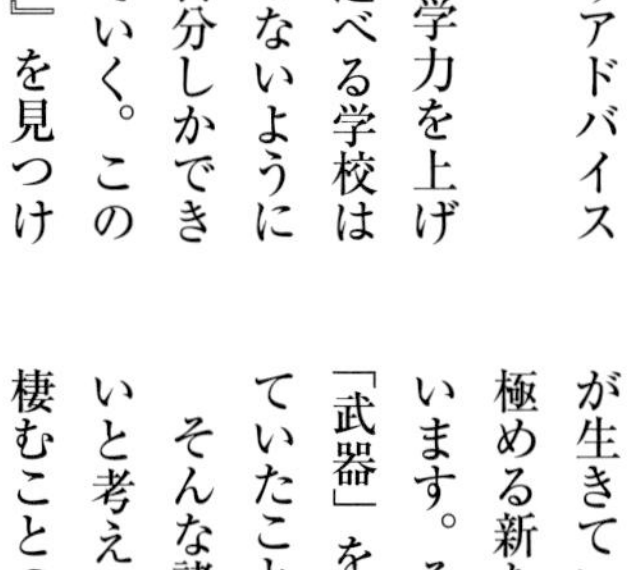

自分がめざすゴールまで、ときに回り道をしているのではないかと感じても、そこでの様々な経験は、のちのちの人生で役立つときがきっとくると思います。

私は高３まで剣道部に所属していました。練習がつらいと感じたときもありましたが、そこで身につけた諦めない姿勢は受験にも活かされましたよ。

海洋研究開発機構高知コア研究所
所在地：高知県南国市物部乙200　ＵＲＬ:https://www.jamstec.go.jp/kochi/j/

私立高校 WATCHING

（神奈川）（横浜市）（共学校）

法《ほう》政《せい》大《だい》学《がく》国《こく》際《さい》高等学校

「正解」のない社会のなかで 内なる自分を見つめ未来をつくる

変化の激しい現代社会のなかでも、自分らしく豊かな人生を歩んでいける人間を育成する法政大学国際高等学校。生徒は自由に学びを深めながら、社会課題へと向きあうための姿勢を身につけていきます。

和仁《わに》 達郎《たつろう》 校長先生

所在地：神奈川県横浜市鶴見区岸谷1-13-1　アクセス：京急線「生麦駅」徒歩５分
生徒数：937名　TEL：045-571-4482　URL：https://kokusai-high.ws.hosei.ac.jp/

⇒4学期制　⇒週５日制　⇒月～金４時限　⇒100分授業　⇒グローバル探究コース：高1 7クラス、高2・高3 22クラスター　IBコース：各学年 1クラス　⇒1クラス約42名、1クラスター約27名

「当たり前」を疑い 自ら考え生きる「地球市民」へ

法政大学の憲章である「自由を生き抜く実践知」を旗印に、世界で活躍できるグローバル人材を育成している法政大学国際高等学校（以下、法政国際）。和仁達郎校長先生は、「本校の教育理念である『地球市民《グローバルシチズン》であれ』は、法政大学憲章を法政国際らしく、より具体的な表現に落とし込んだものです」と話されます。

「地球市民とは、自分自身で考え、行動し、自らの意思で人生を、そして社会をよりよいものへと切り拓いていける人間を表します。現代社会は変化が激しく、これまでの『当たり前』もいつ覆るかわかりません。生徒にはだれかに教わるだけでなく、学んだ知識を自分なりに咀嚼《そしゃく》し、他者と協働するなかで活用しながら、豊かな人生を歩んでほしいです」（和仁校長先生）

法政国際では国際バカロレア（ＩＢ）※のディプロマ・プログラム（以下、ＤＰ）を学ぶ「ＩＢコース」と、探究型の学習を豊富に展開する「グローバル探究コース」の2コースを設置しています。ＩＢコースは例年10名前後の生徒が所属し、3年間同じクラスで学びます。一方、グローバル探究コースは高2と高3が「クラスター」と呼ばれる学年混合の縦割りクラスを編成して、ホームルームや行事に取り組みます。

「クラスターでは先輩・後輩という関係を超えて、一歩踏み込み、『属性にとらわれずに協働する』を大切にしています。学年、性格、学力が異なる人々と過ごすなかで、素直に自分を表現しながら協力しあう機会を持ってほしいです」と和仁校長先生はその狙いを話されます。

仲間と分担して文化祭の準備をする生徒たち

同コースでは単位制を採用。高1は必修科目で基礎を身につけ、高2からは興味関心や進路に従って授業を選択し学びを深めます。法政国際にはチャイムがないので、各教室への移動時間を考慮して行動することが求められます。どの授業をいつ履修し、どう時間割を組むべきかを考え、実際にタイムマネジメントしながら実現していく経験を通して、生徒は自らの手で学習サイクルを確立しています。

独自授業を通して 社会課題を見つめる

法政国際の独自授業で代表的なのが、両コースとも高1で取り組む「Critical thinking」です。グループで「『すべて完璧な』人生とは、どんな人生だろうか」「じぶんは何を知っているか」などをテーマにディスカッションを行い、「当たり前」とされていることを考え直す機会を持ちます。効果的なプレゼンテーションの方法や論理的な文章の組み立て方なども学び、思考力・表現力の基礎を培います。

またグローバル探究コースでは、これらの力を発展させ、学問的な視点から社会課題を見つめる「地球市民Ⅰ・Ⅱ（高2・高3）」にも取り組みます。「自己と他者」「公平性と発展」など6つの視点から構成された20前後の講座から、高2は2つ、高3は1つを選んで受講し、高3では最終的に卒業研究・卒業制作に挑戦します。

講座は例年、各教科の教員が企画しており、「『生徒にこれを知ってほしい』『興味を持ってくれるのでは』と、専門分野を活かしながら立案しています」と和仁校長先生。2023年度は「人間以外の動物との共生」「ミライのための平和学」などが開講され、生徒は普段の学びを活かしつつ、新たな分野への知見を広げました。

加えて、3年間かけて行う探究

※国際バカロレア機構が提供する教育プログラム。指定されたカリキュラムを2年間履修し、最終試験で所定の成績を収めると、多くの海外大学が入学資格として認める「国際バカロレア資格」の取得が可能。

プログラム「PASS」も見逃せません。学問を通して社会課題について考える「地球市民Ⅰ・Ⅱ」に対し、「PASS」では、より具体的に「自分」と「社会」をリンクさせながら、社会課題の調査、解決にチャレンジしたり、自然分野での発見や表現活動の創造に取り組んだりします。同じテーマに関心を持つ生徒で意見交換会をするほか、チームで考えた解決案を実践するなど、生徒は授業に加えて放課後や週末も利用して精力的に活動しているのだそう。

生徒も教員も、自分の興味と真剣に向きあい、そこで生まれた出会いや化学反応が社会課題を解決へと導いていく。そんな法政国際の教育方針が、これらのプログラムには込められているのです。

仲間と協働しながら「なぜそうなるのか」を考える

探究的な学習を通して、課題解決に向きあう力を育成する法政国際。この精神が最もよく表れるのが、国際バカロレアのDPを行うIBコースです。高1では日本の学習指導要領にある科目を学びつつ、プレゼンテーション、ディスカッションを基本とした授業が行われています。1クラスの人数が少なく、生徒全員が気軽に発言、対話できる環境のため、各自が持った疑問や課題に対して、授業内できちんと向きあうことができます。そして、高2からはいよいよDPの学習がスタート。高3の11月に行われるDP資格取得のための最終試験に向けて学習を進めます。

和仁校長先生は「DPの試験は日本の一般的なテストとは異なり、論文形式の問題がほとんどです。その場できちんと論理を組み立てて解答しなければならないので、普段から問いの設定、検証、振り返りに重きをおいた授業を行っています。しだいに生徒も『なぜそれが正しいと言えるのか』を考え抜く習慣がつくようで、試験前はみんなで集まって遅くまで熱心に勉強しています」と生徒の様子を話してくださいました。

課題解決に向きあう人材を育成するグローバル探究コースと、世界標準の教育課程を学ぶIBコース。どちらもその学びの根底にあるのは、『当たり前』を疑い、自分なりに新たな課題を見つけ、協働で解決へと導いていく」精神です。冒頭の和仁校長先生の言葉通り、法政国際生は3年間で学んだ知識と培った視点で、自らの人生と社会をより豊かに変えていける人

探究学習

「地球市民Ⅰ・Ⅱ」のほか、「Project-based Learning (PBL)」でも、多くの生徒が学外での学びに挑戦。なかには海外で研修を行うものもあります。

1.地球市民Ⅱ「旅する人の観光学」での京都研究旅行　2.地球市民Ⅰ「エシカルを考える」での綿花栽培　3.PBLで沖縄の環境について学ぶ生徒たち　4.PBLでカンボジアの市場調査をする様子

間へと成長していくのでしょう。

附属校の強みを活かし 大学での学びにも触れる

法政国際では、学力が一定の基準に達していれば、原則として全員が法政大学に進学可能です。キャリア教育として、高校のうちから大学での学びを視野に入れて学習できるよう、様々な高大連携教育が実施されています。

「大学の学問にふれる（高1・高2選択科目）」では、各学部の大学教員がリレー形式で授業を行います。2023年度は、新型コロナウイルス感染症によって変化した社会とその課題をテーマに、生命科学、法学、デザイン工学など、幅広い分野の視点から全17回の講座が行われました。

高3になると、実際に法政大学の授業を受講する「特別聴講制度」も用意されています。ここで取得した単位は、法政大学の同学部内であれば、進学後に取得単位として申請することが可能です。単位制のため、高2までに高校卒業に必要な単位の多くを取得している生徒も少なくない同校。高3では、生徒それぞれが空いた時間を有効活用して大学の授業を受けたり、卒業論文や課外活動に打ち込んだりするなど、日々の学校生活で培った時間管理能力を活かしながら、自己実現へと邁進しています。

最後に、和仁校長先生から受験生のみなさんへメッセージです。

「刻一刻と変化を続けるいまの社会では、大人の言うことが必ずしも『正解』とは限りません。将来に対し漠然とした不安を抱える方もいるでしょう。でもこれは、逆に言えば『自分でなんでも選べる』ということだと思うんです。内なる自分と向きあい、やりたいことを見極め、なにをすべきか考えたうえで、それを周りの人と突き詰めていける。大変だけど、楽しく充実した時代だと思いませんか？　本校はそんな21世紀を生き抜いていくための力を育てる学校です。ぜひ一度、学校を見に足をお運びください」

学校生活

法政国際の生徒たちは、授業・学校行事・課外活動ともに積極的に参加し、充実した学校生活を送っています。

5.「情報Ⅰ」の授業の様子　6.体育祭　7.「地理総合」の授業で地形調査をする生徒　8.オレンジ祭（文化祭）　9.留学経験者座談会

写真提供：法政大学国際高等学校　※写真は過年度のものを含みます。

■2023年3月卒業生　法政大学進学状況

学部	進学者数	学部	進学者数
法学部	36	キャリアデザイン学部	13
文学部	28		
経済学部	21	スポーツ健康学部	2
社会学部	31	グローバル教養学部	3
経営学部	32	情報科学部	6
国際文化学部	12	デザイン工学部	12
人間環境学部	15	理工学部	8
現代福祉学部	9	生命科学部	7

公立高校
WATCHING

東京都立 立川《たちかわ》高等学校（共学校）

伝統と進化の教育で 果敢に挑み続ける人材へ

「自主自律」の校風のもと、教養を身につけ視野を広げるための多彩な教育を展開する東京都立立川高等学校。生徒は「自律した学習者」として、探究活動、部活動、行事など多くのことに全力で取り組み、主体的な学校生活を送っています。

人間としても成長し 自律した学習者となる

1901年の設立以来、120年以上の歴史を重ねてきた東京都立立川高等学校（以下、立川高）。伝統を受け継ぎながらも「立高《たちこう》は未来に向かって進化します」を合言葉に、2022年度に都立高校初の理数科（創造理数科）をスタートさせるなど、時代に合わせて教育をアップデートしています。

その校風は「質実剛健」と「自主自律」。内面を重視し、真面目でたくましく健やかに育つこと、そして自身で考え行動し、自らを律することをさします。

鈴木宏治校長先生は「生徒には『自律した学習者たれ』と伝えています。与えられるのを待つのではなく、自ら進んで学び、物事に果敢に挑戦する人材になることを望みます。実際に生徒は、様々な場面で自主性を発揮しています。

高校時代は、部活動や行事にも存分に打ち込んでもらいたいです。一生懸命に取り組んだ経験があれば、その大変さを実感していることから、頑張る仲間を助けようとする温かな心を持った人になれると思っています。本校はただ勉強さえやっていればいいという学校ではありません。心の成長がより重要だと考えています。人としての基本があってこそ学力も伸び、希望進路の実現もかなうのだと思います」と話されます。

幅広い教養を身につけ 「考える力」を養う

立川高には普通科に加え、すでにお伝えしたように創造理数科が

所在地：東京都立川市錦町2-13-5
アクセス：多摩都市モノレール「柴崎体育館駅」徒歩5分、多摩都市モノレール「立川南駅」徒歩6分、JR中央線ほか「立川駅」徒歩8分
生徒数：男子510名、女子441名
TEL：042-524-8195
URL：https://www.metro.ed.jp/tachikawa-h/

⇒ 3学期制
⇒ 週5日制（土曜授業年間20回）
⇒ 月・火・木7時限、水・金6時限
⇒ 45分授業
⇒ 1学年8クラス（普通科7クラス、創造理数科1クラス）
⇒ 1クラス約40名

設置されています。カリキュラムをみると、普通科では高1・高2は文理に偏らず幅広く学び、高3から文系・理系に分かれます。

「文系だから数学は必要ない、理系だから歴史は勉強しなくていいということはありません。大切なのは教養を身につけること。教養があれば世界は広がり、様々な人と親交を持つ際にも、教養がコミュニケーションのカギとなってくれるはずです」と鈴木校長先生。

続いて創造理数科についてうかがうと「本校はこれまで『グローバルリーダーの育成』を掲げていました。創造理数科ではさらに『新しい価値＝イノベーションを生み出すことのできる人材の育成』を目的としています。ですから、単なる理数科ではなく『創造』理数科なのです」と力強く語ります。

鈴木《すずき》 宏治《こうじ》 校長先生

基礎に加え発展的な内容も学ぶ「理数数学」「理数物理」「理数地学」などの科目が高1から設けられ、「フィールドワーク研修旅行」や「全体を感じる企画（ＳＴＥＡＭ教育）」など、創造理数科独自の特別企画も用意されています。

どちらの科でも意識されているのは、「教え込まない授業」の実践。「教員には『問う力』を、生徒には『考える力』を磨くことを期待しています。例えば歴史であれば、歴史上の人物について事実を伝えるだけではなく『どんな思いを持っていたのか』『あなたならどう行動するか』と生徒に問いかける。ほかの科目でも同じです。『なぜそうなるのか』『なぜそう思うのか』……すると生徒はその問いについて考えをめぐらせ、興味を持って深く学んでいけるのです。最終的には生徒自らが適切な問いを立てる力を身につけてほしいです」と鈴木校長先生は話されます。

①

②

③

④

⑤

⑥

［行事・部活動］ ①臨海教室をはじめ②演劇コンクール、③立高祭（文化祭）、④合唱祭など多くの行事があり、生徒が主体となって企画・運営しています。部活動（⑤軽音部⑥茶道部）も盛んで、昼休みなどの時間も有効に活用しながら両立に励んでいます。

[多彩な学び] ①②「課題研究」に没頭したり、③英語力を伸ばして④海外研修に挑戦したりと、多彩な学びの機会があります。創造理数科では特別企画（⑤八丈島フィールドワーク研修⑥東京農工大学での化学実験教室）なども実施されています。

4つの柱で展開する SSHとしての取り組み

立川高は2018年度からスーパーサイエンスハイスクール（SSH）に指定されています。「立高から世界へ～解なき時代にたくましく挑み続ける国際性豊かな科学技術人材の育成」をテーマに、「課題研究」「国際性の育成（英語教育）」「本物体験」「教科教育」を柱として、それぞれに多彩な取り組みを用意しています。

前述の通り、「教科教育」では「考える力」を育てることが意識されています。それは「課題研究」でも同様です。普通科で行われる授業「SS課題研究」、創造理数科の「理数探究」のどちらにおいても、各自またはグループでテーマを定めて全員が研究を深めます。その成果について英語で要綱を書き、ポスター発表も行います。

鈴木校長先生は「研究成果は校内に加え校外でも発表することをめざし、創造理数科では外部発表会への参加を必修としています。自ら課題を見つけ、解決方法を検討する、その力は社会人になっても求められるものです。『研究』と聞くと、難しそう、と不安を感じるかもしれませんが、とても重要な取り組みです。1つのことをとことん突き詰める経験は、文系、理系にかかわらず、将来きっと役立つはずです」と話されます。

教室を飛び出して学ぶ 多くのプログラム

「課題研究」に活かされる実践的な英語力を鍛えるのが、「国際性の育成（英語教育）」の一環として両方の科に設置されている「SSコミュニケーション」です。

日本人教員とネイティブスピーカーの教員によるチームティーチングで実施されます。ライティングスキルだけでなく、読解力、プレゼンテーションやディベートをする力も身につけていきます。

さらに台湾の学校とのオンライン交流や、2023年度からスタートしたタイの学校との短期交換留学もあり、アメリカで行われる海外研修では、実際に英語で課題研究を発表する機会もあります。

「アメリカではカリフォルニア工科大学で講義を受け、カリフォルニア大学サンディエゴ校とロサンゼルス校では、現地の先生方に各自が自分の研究を発表しました。助言ももらえたので貴重な機会となったでしょう。大きな刺激も受けたようで、参加した26人全員がまた必ずアメリカに行くと言っていたほどです」（鈴木校長先生）

「本物体験」では「現地でしか学べないことがある」との思いから、フィールドワークをはじめ、博物館や研究所を訪れるツアーが行われ、ノーベル賞受賞者などによる講演会、連携する大学での実験講座なども実施されています。

目標に向けて努力し一勝（一笑）を手にする

多種多様な体験を通じて教養を深め視野を広げられる立川高の学び。卒業生による進路懇談会や講演会、大学教授による大学出張講義なども用意され、そのなかで生徒は志を高め、それぞれに進むべき道を見つけていくのです。

「『一人一勝（一笑）をめざそう』。これは私が大学受験を控えた高3に伝えている言葉です。立川高生の進路は様々です。他者との比較ではなく、自らの目標に向けて全力で頑張る。努力を重ねて一勝を手に入れられたら、自然と笑顔が生まれるという意味を込めています」（鈴木校長先生）

現在、そして今後の社会で求められる力を育てるべく、教育を進化させる立川高。生徒は自主自律の精神を持ち、自身の足で歩んでいける人材に成長しています。

最後に鈴木校長先生は「志望校を選ぶ際、『ここで学びたい』『楽しく通えそう』といったワクワクした気持ちを持てるかどうかを1つのポイントにしてみてください。そうした気持ちがあれば、充実した3年間になるはずです。

ある卒業生は『勉強はどの学校でもできますが、立川高であれば伸びのびとした校風に加え、SSHとしての様々なプログラム、ここにしかない多彩な行事もそろっていると感じたんです。そして個性を大事にしてくれるところにも惹かれました』と言ってくれました。これからも、『学習指導・進学指導の充実』『探究活動の充実』『自主自律の尊重』を基盤とする本校ならではの教育を提供し続けていきます」と話されました。

［施設］①広々としたグラウンドや②天体ドームなどの施設もそろっています。天体ドームは天文気象部の活動場所でもあります。

写真提供：東京都立立川高等学校　※写真は過年度のものを含みます。

■2023年3月　大学合格実績抜粋（　）内は既卒

国公立大学		私立大学	
大学名	合格者	大学名	合格者
北海道大	11（2）	早稲田大	61（8）
東北大	7（1）	慶應義塾大	18（4）
筑波大	4（0）	上智大	26（3）
お茶の水女子大	5（1）	東京理科大	50（21）
東京大	3（0）	青山学院大	44（5）
東京外国語大	9（0）	中央大	76（19）
東京学芸大	10（1）	法政大	81（36）
東京工業大	5（0）	明治大	110（29）
一橋大	9（0）	立教大	60（15）
京都大	5（2）	学習院大	14（3）
大阪大	3（0）	国際基督教大	4（0）

ワクワクドキドキ
熱中部活動

順天高等学校
バトン部

経験者と初心者がいっしょになって よりよい演技をめざす

順天高等学校のバトン部は大会や地域のイベントなどで演技を披露します。
いい演技にしたい、という同じ気持ちを持ち、部員全員で意見を出しあいながら練習に励んでいます。

第50回 バトントワーリング 全国大会
主催：一般社団法人日本バトン協会　特別協賛：株式会社フォトクリエイト

今回紹介してくれたのは

School information
所在地：東京都北区王子本町1-17-13　アクセス：JR京浜東北線・地下鉄南北線「王子駅」、
都電荒川線「王子駅前駅」徒歩3分
TEL：03-3908-2966　URL：https://www.junten.ed.jp

高1　柳川凜さん

高2 キャプテン　横向那柚さん

大会出場に加えて地域イベントなどでも披露

順天高等学校（以下、順天）のバトン部は、全国大会にも出たことがある強豪チームです。普段は附属の中学校のバトン部といっしょに活動し、現在は中高合わせて30名で週3日（水、金、土）活動しています。

順天には王子、新田の2つの校舎があり、基本の練習場所は、王子キャンパスの校庭。新田キャンパスの体育館などで行うこともあります。

「ウォーミングアップは、柔軟体操をして、プランクなどの筋力トレーニングをします。そのあとに基本的なバトントワーリングの技を個別に練習して、最後に全員で動きを合わせます」と、キャプテンを務める横向那柚さんが日ごろの練習内容を説明してくれました。

演技では65㎝ほどのバトンを使います。自由自在に動かすのは大変そうですが、手でクルクルと回したり、上に投げてキャッチしたりと、部員はいとも簡単にバトンを扱っているように見えます。中学のバトン部からそのまま入部する部員もいますが、高校から始める人も少なくないそうで、未経験の部員には、経験者

バトンを投げることを「トス」といいます。軽々と真上に3mほど上げていました。

柔軟性を高めるためにウォーミングアップには毎回、柔軟体操を取り入れています。

バトンを自由自在に扱えることは演技に必要なテクニックです。

が率先して教えるのがこの部の特徴です。

　高1の柳川凜さんは、高校から競技を始めました。

「最初はバトンを回すことも難しいし、身体も硬くてウォーミングアップをしただけで筋肉痛になるほどでした（笑）。ですが、毎日、お風呂上がりに柔軟体操をしていくと身体が柔らかくなるのを実感していきました。バトンの技は先輩たちに教えてもらい、練習してきたことを大会などでうまく披露できると本当に嬉しいです」

　日ごろの練習は中高いっしょですが、大会などでは別々に踊ります。

　本番で使う衣装は、演目に合ったものを着用するため、毎年違うものに。昨夏までは、黒と金色を使ったパンツスタイルのスタイリッシュな衣装でしたが、現在はやわらかい印象の曲に合わせて、シースルーのスカートが採用されています。衣装は曲に合わせて外部コーチが発注するので、部員も手元に届くまでどんなデザインかわかりません。それが部員たちの楽しみになっているそうです。

　大会に出る以外にも、文化祭や地域のイベントで踊ることがあります。

「バトン部で地域のボランティアに行くことがあります。お年寄りの方と触れあう機会もあり、そのときは歌に合わせた動きなどをいっしょにします。自分1人だけではそうした場に行くのはなかなか難しいし、普段経験できないことなのですごく楽しいです」（横向さん）

学年関係なく意見を出しあい日々の成果を披露する

　大会は年に3～6つほどあるそうで、学年に分かれて踊ることもありますが、基本的には高校生全員で演技をします。そのため、練習中から学年関係なく部員全員が意見を言いやすい雰囲気に包まれています。

　2023年9月の都大会では関東大会行きの切符を手にしましたが、内容に納得いかない部分も。関東大会まで約2週間と時間は限られていたなかでも、より演技をブラッシュアップしようと全員で意見を出しあいました。関東大会では結果こそ全国大会には行けませんでしたが、都大会よりも表現豊かな演技ができたそうです。

　こうした学年に関係なく意見を言いあえる部の雰囲気について横向さんは「お互いに助けあいながらやれ

バトンを上に投げてその場で一回転。流れるような動きです。

写真提供：順天高等学校　※写真は過年度のものを含みます。

るのが、私のバトン競技の好きなポイントで、それをみんなでできているのがこの部の魅力の1つです。私も先輩にアドバイスをきいてきましたし、後輩たちにも『ここの動きを見てくれる？』と、正しい動きができているのか確認をよくお願いします」と話してくれました。

柳川さんもうなずきます。

「横向さんも言ったように、本当に部員の仲がいいので、先輩にアドバイスを求めやすく、すごくやりやすい環境です。学年の壁がなく、だれに対しても接しやすいのがバトン部の特徴です」

こうして全員で声をかけあいながら技を磨いて、動きを合わせ、それを大会で披露します。

そして、人前で踊るおもしろさ、魅力を2人は語ってくれました。

「高1の3月に新人戦があり、そこで初めて自分たちの学年だけで演技を行いました。先輩たちに教えてもらったことを発揮して、いい演技を披露しようという気持ちで楽しくできました。結果、金賞を取れて、私たちにもできると思えるきっかけになりました」（横向さん）

「バトンの技術に加え、演技の表現力など、大会の動画を見直してレベルアップを感じられるところがおもしろい部分の1つ。大会に出れば出るほどバトンを好きになっています。また、文化祭で演技を披露したとき、話したことがない生徒から『かっこよかったです！』と言われて嬉しかったです」（柳川さん）

このように順天のバトン部は、経験者、初心者関係なく部員全員でバトンの技術を磨き、よりよい演技を見せようと、日々練習に取り組んでいます。

勉強　先輩からのアドバイス　受験

高2 横向 那柚さん、高1 柳川 凜さん

Q順天の魅力や学校の雰囲気を教えてください。

横向さん：中学校からの一貫生と高入生はクラスが別になりますが、体育など一部の授業で同じになったり、お昼ご飯をいっしょに食べたりできるので仲がいいです。

柳川さん：先生たちに話しかけやすい雰囲気です。そうした空気が生徒同士にもあるので、学校生活は過ごしやすいです。

Q好きな授業はありますか。

横向さん：おもしろい授業が多く、そのなかでもとくに世界史の授業が好きです。

柳川さん：中学生のころは理科が苦手でしたが、順天では生物や化学などの先生がわかりやすく、そしておもしろく教えてくださるので、理系科目が好きになりました。

Q２人とも高校からの入学ですね。志望動機を教えてください。

横向さん：中学生のころはアメリカにいたので、帰国生の受け入れが多い学校を探したところ順天を見つけました。英語の授業は、文法メインの学校が多いイメージがありましたが、順天は会話がメインで、外国人の先生がすべて英語で話してくださるのが決め手になりました。

柳川さん：もともと英語が好きで、医療系にも進みたいという思いがありました。通常の授業に加えて英語に接する時間が多く、ここならどちらかに絞ることなく、学べそうだと感じたからです。

Q受験勉強ではどんなことに取り組んできましたか。

横向さん：私は帰国生入試を受けました。アメリカに住んでいると日本語を使う機会が少なく、会話中に単語が出ないことも……。試験には日本語の面接もあったので、直接的な対策とはいえないかもしれないですが、休日に日本語の本を読んで、日本語に触れるようにしていました。

柳川さん：とにかく入試問題の傾向をつかむために、手に入った６年分くらいの過去問を何度も解きました。あとは塾の自習室が開いている時間はずっと行き、勉強する習慣をつけていました。

Q読者のみなさんへメッセージをお願いします。

横向さん：高校受験は志望校選びなど初めてのことばかりで悩むことも多いですが、一度、志望する学校に行ってみてください。そこで学校の雰囲気を感じて、「ここだ！」と思うところに決めてほしいです。

柳川さん：高校生活は、みなさんが想像している以上の楽しさがあります。それを入学した学校で感じてほしいです。受験勉強は大変かもしれませんが、あと少し頑張れば楽しい３年間が待っています。

G あざみ野セミナーハウス全景
H 第二体育館

多《た》摩《ま》大《だい》学《がく》目《め》黒《ぐろ》高等学校

〈共学校〉

生徒も教員も向上心に満ちあふれ、つねに進化し続ける学校をめざす多摩大学目黒高等学校。小さな成功体験を重ねることで、生徒たちはより高い目標に向かって努力を続けます。

充実した教育環境のもとで それぞれの夢を実現する

JR山手線・東急目黒線など複数の路線が乗り入れる「目黒駅」から徒歩12分。目黒通り沿いの住宅街の一角に多摩大学目黒高等学校（以下、多摩大目黒）はあります。1998年の共学化以来、世界のエリートと対等に渡りあえる人材の育成に取り組んでおり、国際教育や大学進学に重きをおいた学びが評価されています。

一方で、文武両道をモットーに掲げ、勉強だけでなくクラブ活動への参加を推奨しています。その文武両道の象徴的な施設が、横浜市青葉区にある「あざみ野セミナーハウス」です。広大な人工芝グラウンドや多目的体育館、100人が宿泊できる施設などがあり、サッカー部や野球部をはじめとする運動部がおもに利用しています。また、目黒キャンパスのすぐそばには冷暖房完備の第二体育館もあり、生徒たちは恵まれた環境のなかで存分にクラブ活動に打ち込むことができます。

「勉強だけでは発散できない若いエネルギーをクラブ活動にぶつけてほしいんです。そこで体験したことなどを通して、最終的には勉強の大事さに気づいてほしいんです」と入試広報部長の井上卓三先生は話されます。

多摩大目黒はコース制を敷いていません。高1は併設中学校からの内進生とは別に、入試の得点に応じて特進クラスと進学クラスに

Photo　A イギリス語学研修　B 済州島経済フォーラム　C 颯戻祭(文化祭)　D 体育祭　E ダンス部　F サッカー部

写真提供：多摩大学目黒高等学校　※写真は過年度のものを含みます。

分かれてスタートします。高2で文理選択をし、内進生と混合となり、1年次の成績や個々の希望などに応じて、特進クラスと進学クラスの入れ替えが行われます。

授業では教科の枠にとらわれないAL（アクティブラーニング）活動を積極的に展開し、ICT機器を活用しながら主体的に学ぶ力を伸ばしています。多摩大学への優先入学制度がありますが、ほとんどの生徒が他の難関大学へチャレンジしており、年々、合格実績の伸長がみられます。

国際教育と高大連携で個々の活動の幅を広げる

国際教育に力を入れる多摩大目黒では、3週間の語学研修から1年間留学まで多彩なプログラムを用意しています。とくにアメリカ・カナダ・ニュージーランドの提携校では、多摩大目黒での卒業年次を遅らせることなく半年または1年間の留学ができるため、この制度を目当てに入学する生徒も少なくないと井上先生は話されます。

「留学するにあたっての英語の成績の優先順位は高くありません。苦労することがわかったうえで自らチャレンジするわけですから、その生徒の意思を大事にしたいと思います。これまで留学を経験したほぼ全員が充実した留学生活を送っており、なかにはそのまま留学先へ転校する生徒もいます。帰国して留学中の様子を他の生徒にフィードバックしてほしいのですが、生徒が決めたことなので尊重しています」（井上先生）

また、多摩大学と連携した探究活動プロジェクトも興味深い取り組みの1つです。「アジアダイナミズム」「起業体験」「投資戦略」「プログラミング」「異文化交流」といったStudy Groupがあり、大学のゼミのような活動を行っています。生徒たちは、そこで出会う人たちと協力しながら問題を解決する方法を探ることを通して、色々な人たちと協力しあう経験を重ねていきます。そして、これらのプロジェクトに参加した生徒たちには、多摩大学で12月に開催される「アクティブラーニング祭」でプレゼンテーションの機会が与えられます。

それぞれの生徒が自分に合った

文武両道を実践する多摩大目黒。校風は「活気にあふれる学校」とおおらかに語る井上先生からのメッセージです。

「40歳になってもバイタリティーを持って前向きに生きてほしいとよく生徒に言っています。そのためには、つねに目の前にあることに対して最善の努力をすることが大事です。たとえ上手くいかなかったとしても、その努力は必ずどこかであなたの役に立つはずです。保護者の方にはお子さんの一番のサポーターでいてほしいです。そして結果がどうであれ最善の努力をしたお子さんに、『よく頑張ったね』と言ってあげてください」

スクールインフォメーション

所在地：東京都目黒区下目黒4-10-24
アクセス：JR山手線、東急目黒線、都営三田線、地下鉄南北線「目黒駅」徒歩12分
生徒数：男子245名、女子82名
TEL：03-3714-2661
URL：https://www.tmh.ac.jp/

2023年3月　おもな合格実績

国際教養大	1名	早稲田大	16名
筑波大	1名	慶應義塾大	2名
東京工業大	1名	上智大	8名
東京農工大	2名	東京理科大	9名
東京都立大	1名	青山学院大	15名
神戸市外語大	1名	明治大	34名

※既卒生含む

踏み出す第1歩

高校に進んだら君はなにする？

「あなたは、これからめざす高校で、なにをやりたいですか？」と問われたら、みなさんはなんと答えますか。中1・中2の多くの方からは「まだ漠然としていて……」という答えが返ってきそうですね。いま受験を終えようとしている中3の方はどうでしょうか。高校に進んでからの自分は見えていますか。では質問を変えましょう。「あなたが高校生活で楽しみにしていることはなんですか？」。この質問にあなたはどう答えますか。今回は高校に進学したらやるべきことや必要な心がまえについてお話ししたいと思います。

踏み出す第1歩

高校に進んだら君はなにする?

高校生だからこそできることも

高校生活は大人への準備期間

「あなたが高校生活で楽しみにしていることはなんですか?」。この質問にはいくつかの答えが出てくると思います。「新たな学び」「新しい友だち」「部活動」「学校行事」「留学」……などでしょうか。

いずれも、これからの出会いや、これまでとは少し違った世界を見てみたい、という好奇心や憧れが感じられるものとなるでしょう。

このような思いは、「大人への第1歩」が高校生活のあちらこちらに点在していることを予想しているからにほかなりません。

「大人への第1歩を踏み出す高校」での3年間は、「大人への準備期間」といってもよいものです。

逆の見方をすれば、「準備期間」であるからこそ、大人になってからではできない体験をしたり、思いきったチャレンジをしたりすることが可能な期間でもあります。

ただ、高校での学習や部活動、行事などに求められる姿勢は、中学校でのそれよりも努力の度合いや正確さ、さらに厳しさをも伴うものになるでしょう。

切り替えを意識しながら1つひとつの活動に取り組み、努力を継続することが大切です。ときには、思わぬハプニングや失敗を経験することもあるでしょう。しかし、高校時代の失敗は「やり直し」がきくはずです。そのことによって失敗は取り返すことができます。

困難を乗り越えることで成長でき、壁にぶつかったからこそ、やり抜いたときには大きな達成感を得られるのです。

また、人間関係にも広がりが出てきます。これまで出会ったことのない、自分とはまったく異なる考え方ができる人とのコンタクトもありえるでしょう。彼らとチームを組んでの活動は、自らのアイデンティティー(存在価値)が育まれることにもつながります。

例をあげます。高校生になったら留学や海外研修への参加を計画している人もいるでしょう。日本を離れ「頼れるものは自己のみ」という生活体験によって自分自身を大きく成長させることができるのが、このような他国での生活です。

未知の文化に触れ、異文化理解が深まれば世界観は大きく変わります。もちろん、その体験は、語学力を向上させることにもつながるでしょう。

いま、自ら望んで海外で働いている人の多くは、留学がきっかけでの挑戦だったといいます。

つまり、高校生での様々な経験は、将来、社会人としての成り立ちにも大きな影響を与えるものだといえます。それは人生を豊かにすることにつながっています。

高校生活は大人への第1歩

じっくりと耕して
大きく育てるのじゃ！
高校時代に 社会人基礎力となる
「3つの能力」を育てよう！
前に
踏み出す力
考え抜く
力
チームで
働く力

「自らを耕す」ということ

高校時代に学習にいそしむ、外国語やITのスキルを身につける、体力をつけるなど、「自らを耕す」作業に時間をかけることは、将来の「社会人基礎力」に大きな影響を与えます。

社会人基礎力は、「前に踏み出す力」、「考え抜く力」、「チームで働く力」の3つの能力から構成されており、「職場や地域社会で多様な人々と仕事をしていくために必要な基礎的な力」として、経済産業省が提唱しているものです。ここでの多様な人々とは、外国人を含め、男女や年齢、学習歴の区別なくチームを組む人々のことです。

高校時代に自らを耕すことは、自分自身の知識や能力を向上させ、将来に向けて社会人基礎力を育む機会を増やすことにつながります。

前項で述べた、高校時代に得る知識や能力は、大学での学業はもちろん、社会人への第1歩であるインターンシップ、さらに就職活動などにも役立ちます。さらに、高校での学習にじっくり取り組むと、自分の興味や関心に沿った専門分野を見つけることも期待できます。大学選びや職業選択において、客観的な見方ができるようになり、自分にとって最適な方向性を見出すことにも結びついていくでしょう。

高校で社会人基礎力も養いたい

高校生になったら始める勉強法

これから進む高校生の時期は、将来のために自らを耕し、努力することができる貴重な時間だということが理解できたでしょうか。

しかしいま、みなさんは高校進学のことで頭がいっぱいかもしれません。

「まだ早いよ」という声が聞こえてきそうですが、高校に進んでから間もないうちに、大学進学、そして大学入試に向けて考え始めることは非常に重要です。

ここでは、そのキッカケとして、高校に入ったら踏み出したい大学進学に結びつく、学習の「はじめの1歩」について簡単にお話ししておきます。

高校生のうちに取り組むべき勉強は様々です。大学入試対策として高校進学当初から進学塾に再び通い始める人もいるでしょう。そのような人も並行して進めることができる様々な「〇検」といった資格検定試験への挑戦は、勉強の習慣化にもつながる

踏み出す第1歩

高校に進んだら君はなにする?

よい方法です。

高校生のうちから取り組めるものとしてコンピューター関連の実用技能検定、簿記検定などがあります。なかには難関といわれる公認会計士の資格に向けて取り組み始める高校生もいます。

高校生のうちに資格を取得することは、大学での学びに方向性を持たせることにもリンクしています。

これらの資格は、その分野での知識や能力があることが証明されるため、将来の就職活動時、企業の採用担当者側からみて重要な要素ともなります。資格取得には検定試験勉強の過程があるため、自己を管理する力や努力する姿勢などを身につけることができます。このことを採用担当者もよく知っているのです。

自分が興味を持っている分野の専門書に目を向けることもおすすめします。また、オンラインの講座に参加したり、NHK・Eテレ、同ラジオ講座を視聴したりすることも、学習のスタートとして有効です。まずは「やってみなければ始まらない」と積極的に取り組むことが重要です。

人生全体でみると、高校時代は「自分で決めて、自分の力で歩んでいく」ことを訓練するための時間ともいえます。義務教育ではありませんから「自分で……」ということが大切です。

高校生活の意義とは

話はもとに戻りますが、高校時代は、自我にめざめ、個性が形成され、人間性も確立されていく大切な時期です。

みなさんは勉学や部活動などに取り組み、新しい友だちや指導者との交流を通じて、自分のことや家族、友だちとの関係などについて考え、1人の人間として自分はどうあるべきなのかと理想像を描き、どう生きるべきなのかも考えるようになります。

ですからこの時期は、人生の基本的な姿勢と方向を確立していくきわめて重要な意義を持つ3年間だといえます。

ときとして、理想と現実のギャップの大きさに悩み、挫折を味わうこともあるでしょう。

そのような葛藤のなかで、社会のあり方や自分の将来の生き方について考え、判断力や行動力を身につけることができる場であり、その過程で、みなさん自身が人生観や価値観を築いていくところが高校であり、その3年間です。

この記事の冒頭で、「あなたは、これからめざす高校で、なにをやりたいですか?」という質問をしました。それは、目標があるのとないのとでは、高校受験への取り組み方が大きく違ってくるからです。

まずは力強い答えが返せるように、自らと向きあって理想を描き、可能性を模索されることを期待しています。

社会のあり方や自分の理想像を描き、可能性を模索しよう!

受験生のための

明日へのトビラ

この「明日へのトビラ」のコーナーは、受験生と保護者のみなさんに向けて大切な入試情報をお伝えしていくページです。入試が近づいたいま、見逃さないようにしたい注目のニュースが、埼玉公立の「受検料納付方法の変更」と、神奈川公立・学力向上進学重点校と同エントリー校18校の「特色検査におけるマークシート方式の採用」という2点の入試システム変更です。

埼玉　2024年度の公立高校入試では受検料の納付方法が改められる

埼玉県公立高校の2024年度入試における入学選考料〈受検料〉は例年、埼玉県収入証紙を貼付しての納付となっていたが、2023年末の証紙販売終了に伴い、納付方法が変更される。

2024年度の入学選考手数料（2200円）の納付は、所定用紙（納付書兼領収書）を用いた金融機関からの振り込みになる。なお、電子出願実施校については、電子収納による納付（ペイジーによる支払いも可能）となるので注意が必要だ。

神奈川　公立高校入試で学力向上18校特色検査もマークシート方式に

神奈川県教育委員会は2023年10月、2024年度入試の変更点として、特色検査での解答につき以下の学校で「マークシート方式」を導入することを発表した。

対象となるのは、「学力向上進学重点校」「学力向上進学重点校エントリー校」全18校での「特色検査」。

■マークシート方式による特色検査の概要

・マークシート方式の解答用紙は、全18校において同じものを使用（ただし、横浜国際高等学校国際科国際バカロレアコースは除く）。

・すべての問題がマークシート方式になるわけではなく、記号選択式問題と記述式問題の併用。

・共通問題は、全18校が共通して実施する問題。共通選択問題は、各高等学校が選択して実施する問題（学校として指定するので、受検者は選択できない）。

※編集部注　神奈川県では、共通の学力検査に加え、「特色検査」を実施する高校・学科があり、共通の学力検査では測ることが難しい総合的な能力や特性をみる検査となる。なかでも「自己表現検査」はすべての学力向上進学重点校と学力向上進学重点校エントリー校で実施。資料の読み取りや教科横断的な内容など、より深い思考力・判断力・表現力を問う問題となる。

この措置には、学力上位校では、県内公立全校が実施する「共通選抜での学力検査」のみでは、受験生の得点に差がつかない実態が背景にある。

※学力向上進学重点校（横浜翠嵐、川和、柏陽、湘南、厚木）

※学力向上進学重点校エントリー校（希望ケ丘、横浜平沼、光陵、横浜国際、横浜緑ケ丘、多摩、横須賀、鎌倉、茅ケ崎北陵、平塚江南、小田原、大和、相模原）

神奈川　鎌倉女子大学高等部が共学化 2026年度から改め2コース制に

鎌倉女子大学高等部が、2026年度からの「男女共学化」を発表した。同時に国際教養（特進）コースと総合文理コースの2コース編成になる。

高等部は現中学校1生生からが対象となる。高等部のコースと募集数は以下の通り。

●国際教養コース（特進）40名（男女）

Course of International Liberal Arts = ILAコース

●総合文理コース（進学）80名（男女）

Course of Integrative Sciences and Arts = ISAコース

なお、現校名には「女子」の文字が入っているため、校名変更が検討されている。

東京　東京女子学院が男女共学へ 2025年度募集から校名も変更に

東京女子学院高等学校は、2025年度（現中学校2年生が受験）に男女共学化することを発表した。

男子の募集開始とあわせて校名も変更する予定。併設の中学校も2026年度より共学化するとしている。

埼玉 2027年度入試から全校で「自己評価資料」と「面接」が必須の「素案」を発表 これまで調査書に記載された「部活動の実績」は記す必要がなくなる

2023年10月、埼玉県教育委員会は、埼玉県公立高校入試方法の改善についての「素案」を発表した。

素案による大きな変化は、「自己評価資料」提出と「面接」の全校実施。また、調査書の「特別活動の記録」などがなくなることで、このなかに含まれていた「部活ポイント」も姿を消すことになりそうだ。

面接については、これまで一部の高校で実施されていたが、これを全校で必須化するものとし、結果、「学力検査・調査書・面接」に加え、さらに各校の判断で「特色選抜」として「実技検査・小論文・傾斜配点」などの実施が可能となる。

調査書については、「特別活動の記録」「出欠席の記録」などの評価の記載をなくして、「各教科の学習の記録（評定）」に絞る。

また、大学入試で扱われる「ポートフォリオ」ともいうべき、受検生による「自己評価資料」を「面接」の資料として提出するようになる。

なお、ここまでは、いずれも素案であって、まだ決定にはいたっていない。県民コメント（意見募集）を実施したあと、決定される。

実施は、現在の小学校6年生が対象となる2027年度入試からの変更となる予定だ。

■おもな変更点の概要

◇選抜

①自らの言葉で表現する「自己評価資料」の提出をすべての受検生に求め、自己評価資料に基づき、全受検生を対象に面接を実施する。ただし、自己評価資料そのものは評価しない。

②各高校は、自校の入学者の受け入れに関する方針に基づき、特色選抜を実施することができる。

◇調査書の様式

・1学年から3学年までの各教科の学習の記録（評定）の記載を基本とする。

・評定以外については、自己評価資料において、学校・学科ごとに中学校3年間の活動等が分かる内容の記載を求めることができるようにする。

※編集部注　この記載によると「部活動の実績」の項目がなくなっている。部活動の好成績などについては各受検生が自己評価資料に記すことになりそうだ（下欄【解説】参照）。

【解説】

全国で唯一埼玉のみが入試に部活動実績を加算

「素案」の段階、また改革は3年先とはいえ、埼玉県公立高校入試制度の転換は保護者の注目を集めている。なかでも、調査書に特別活動などの記録、とくに部活動の記載がなくなることの反響は大きい。

埼玉県内の公立高校入試では、現状、ほぼすべての高校が、学力検査（入試当日の筆記試験結果）と調査書（内申書）の合計点で合否を決めている。

調査書では、学習の記録（通知表の成績）と「特別活動などの記録」の2つが記載されているが、後者のなかに部活動の実績が含まれ、各高校が点数化し選抜基準として公表している。これが県内の中学生から「部活ポイント」と呼ばれている制度だ。

文部科学省は2022年末、全国都道府県教育委員会からの「調査書の扱いについて」の報告を公表した。

12県で、一部の公立高校が中学校での部活動の実績を点数化し加算していたことがわかったが、県内公立高校のすべての入試で、選抜基準に部活動の実績評価を加算しているのは「埼玉のみ」だということが表面化した。

以前から、「教科外であるはずの部活動を評価することは可能なのか」という疑問や、学校の規模や部活動数、部員数、指導教員の専門性によって不公平が生ずるのでは、という批判もあった。

そこへ近年、公立中学校部活動の地域移行が課題となり、実際に移行にいたる学校も出てきた。その場合の「評価はだれがどのように行うのか」の疑念は当然生まれてくる。

現行では、調査書で「部活ポイント」が実際に加点されるのは、部長やキャプテン、大きな大会に参加したり、好成績を修めた一部の生徒に限られるようだが、部活動の実績が高校入試の加点項目としてある限り、部活動と入試が結びついているのは事実。

生徒にとって部活動への参加は、一般的に強制ではない。ところが、埼玉では、部活動に入らないと受験、進路に影響が出るとの誤解や不安が、中学校生徒、保護者にあるのが現実だ。

県教委では「中学生の頑張っている部分を評価したい」「様々な観点で加点をしてあげたい」との思いから生まれた制度との認識を示していたが、ここにきてようやく、「改善素案」を問うことになった。

知性 進取 誠意

限りない前進
国公立大合格者89名
早慶上理94名 GMARCH369名

2024年度 入試予定

	推薦入試	第1回 一般入試	第2回 一般入試
募集人員	男女130名	男女 320名	
コース	進学コース 130名	特進コース120名・ 進学コース200名	
試験日	1月22日(月)	2月10日(土)	2月12日(月・祝)
選抜方法	推薦書・調査書・ 作文・面接	調査書 学科(国・数・英)	調査書 学科(国・数・英)

錦城高等学校 男女共学

〒187-0001 東京都小平市大沼町5-3-7 TEL 042-341-0741
https://www.kinjo-highschool.ed.jp/

コロナ禍後、4年目

制度変更がめだつ公立高校入試

首都圏公立高校入試展望2024

安田教育研究所 代表　安田 理

募集数削減で全日制離れに対応

首都圏の2024年度公立高校入試では、これまでの制度から一部変更がめだちます。

東京都では全国で唯一実施していた普通科高校の男女別定員を男女合同に変更します。神奈川県では、面接が共通選抜ではなくなる一方、調査書点に「主体的に学習に取り組む態度」の評価を取り入れます。千葉県の学力検査ではマークシート方式を一部導入、インターネット出願を15校で実施します。埼玉県でもインターネット出願校が増えます。このように1都3県でみられる制度変更は決して大きくはありませんが、様々です。受験生の動向や社会情勢に合わせた変化といっていいでしょう。

各都県では人口増減に応じて募集数を変更してきましたが、近年の通信制高校進学者増を受けて、募集規模は縮小傾向です。中3人口が減少する神奈川県・埼玉県だけでなく、人口増の東京都・千葉県でも募集定員総数を削減します。二次募集数を減らす狙いもあるのでしょう。《一連の情報は2023年12月5日現在》

東京都立高校入試展望2024

２０２４年度の東京都立高校入試では普通科高校が男女別定員から男女合同定員に変更されます。

中３人口は少し増えますが、通信制高校進学者の増加に対応し、募集数は２０２３年度の20校増から一転、14校で削減されます。また、推薦入試では３年連続で中止されていた集団討論が一部で復活します。

反対意見も少なくなかった中学校英語スピーキングテストですが、昨年11月に実施された結果が一般入試の合格判定時に加算されます。

普通科は男女別定員から男女合同定員へ

都立普通科高校は男女別定員制で、一昨年は10％、昨年は20％と順次、男女別定員を緩和してきましたが、２０２４年度より男女合同定員で選抜を実施します。同じ得点でも男子なら合格、女子は不合格になるといった状況は解消されることになりました。

定員枠が少ない推薦入試では、昨年の合格数は男女とも約２５００人でしたが、平均応募倍率は男子２・60倍、女子３・20倍と大きく異なっています。総じて女子のほうが男子より調査書点が高いことから、推薦入試に応募する割合は女子の方が高いことも影響しています。

男女合同定員の影響で推薦入試の女子増

２０２４年度推薦入試では前年より女子の普通科合格が５００人から１０００人増えると予想されるため、その分、男子は減少するかもしれません。募集枠が緩和することで女子の応募者が増え、男子はこれまでより厳しい選抜になることを予想し、推薦入試への応募を回避する動きが強まることも考えられます。そうなれば、女子の合格者数がさらに増えることになります。

推薦入試での女子の応募者数が男子の2倍以上の三田では選抜の比率を変更します。調査書300点を100点に削減、小論文と面接をそれぞれ150点から250点に増やします。女子ばかりが合格にならないよう、小論文のテーマや面接内容を工夫するかもしれません。一般的に文系より理系に強い男子が多い、といわれているので、データを分析したり理数系の説明文を読ませたりすることも考えられます。

また、単位制普通科の新宿や国分寺は、元々男女合同定員だったことも女子の人気が高い一因でしたので、普通科全体の男女別定員がなくなることで、推薦入試への女子の応募者数が減ることも考えられます。

女子は安全志向、男子はチャレンジ志向が強い、というイメージは男女別定員枠の撤廃により逆転するかもしれません。推薦入試で女子の合格数が増えた分、一般入試での男子合格数が増える可能性もあります。一方、合格難度が上がった都立人気校より私立高校に志望を切り替える男子が増えることも考えられます。

三田が募集減、城東は募集増

2024年度は都内公立中学校卒業予定者数が7万8025人で前年より338人増えます。人口は増加しますが、通信制高校進学者の増加傾向を受けて全日制高校の応募者減を予想し、都立高校では募集数を減らします。人気の二極化傾向が続いているため、定員割れ校も多く、2023年度も二次・後期の募集数は2000人を超えました。定員割れを減らしたい、ということもあり、募集数を削減しているのでしょう。

募集を減らすのは三田、石神井、江戸川などの14校。一方、城東、狛江、小平など4校では募集数を増やします。また三田は2023年度の臨時増から定員を元に戻しますが、駒場は2023年度に臨時増となった募集数を維持します。

一般的に募集数を減らすと応募倍率は上がるものですが、難化を予想して敬遠されることもあります。三田は男女合同定員の影響もあるので動向が注目されます。

推薦の集団討論、一部復活

3年連続で中止されていた集団討論が日比谷、西、竹早など13校で再開します。実施しない高校が多く、4年ぶりの再開となるため、実施校では一部の受験生から敬遠されることが予想されます。進学指導重点校の日比谷、西であっても応募者を減らすかもしれません。竹早、鷺宮、篠崎では面接と集団討論の配点を高めるので、敬遠傾向が強まる可能性が高いでしょう。

◆都立高校推薦入試の集団討論

5～6人のグループで、与えられたテーマについて結論を導くための話しあいを、各校平均で30分程度行う。テーマは学校行事や社会問題などで正解が1つとは限らないものが多い。多くの学校では最初に2～10分間、各々の考えをまとめる時間を取る。意見の説得力、表現力、リーダーシップなどが採点材料。面接とセットで採点される。

2024年度実施校は日比谷、西、竹早、北園、東大和南、調布南、鷺宮、篠崎、永山、深沢、町田工科、足立工科、東久留米総合。

コロナ禍後の私立人気 通信制人気は継続か

コロナ禍が落ち着きをみせてきたものの、様々な制約が続いた3年間の影響は少なくありません。不登校の増加も、その1つといえるかもしれません。通信制高校は「やりたいことを追求しやすい」という理由から支持されている部分もありますが、その人気の高まりはコロナ禍とも無関係ではないでしょう。

コロナ禍対応の早さが私立人気につながっていましたが、2023年度はやや落ち着きをみせていました。

2024年度は都立普通科高校の男女合同定員への変更で、男子の都立離れ・私立志向が増えるかもしれません。一方、共学化が相次ぎ、減少している私立女子校ですが、応募者を減らす可能性があります。入学生が急増した自由ヶ丘学園、芝国際、日本工大駒場などでは基準を上昇させたり、学力検査重視に変更したりしているので注意が必要です。

神奈川県公立高校入試展望2024

2024年度の神奈川県公立高校入試では、面接が全校実施ではなくなり、代わりに第2次選考で調査書の観点別評価の「主体的に学習に取り組む態度」が活用されます。

中3人口の減少に合わせて、公立高校の募集数を約900人削減します。通信制高校への入学者が増え、公立高校の二次募集数が1500人を超えていることも影響しています。

2024年度入試は面接廃止 調査書一部重視へ

2024年度から神奈川県公立高校の入試制度が一部変更されます。これまで全校で実施されていた面接は特色検査の1つに変わります。特色検査は実技検査、自己表現検査、面接のなかから1つまたは複数を実施するもので、すべての高校で行うものではありません。多くの高校で面接はなくなりますが、その影響は少ないと予想されます。これまでも選抜において面接ではあまり差がつかなかったと思われるからです。

一方、調査書の観点別評価のうち、中3時の「主体的に学習に取り組む態度」が第2次選考で活用されます。第1次選考では定員の90%を選抜し、調査書点・学力検査・特色検査が資料として使われます。これまで第2次選考では調査書点は関係なく定員の10%を選抜してきましたが、今後は「主体的に取り組む態度」・学力検査・特色検査が資料となります。

これにより、今後は調査書点の重要性が増すことになり、学力検査だけの得点が高ければ合格できるケースは減少するかもしれません。私立高校の書類選考も基準は調査書点なので、神奈川県生にとって通学している中学校の調査書点はますます重要になっていきそうです。

川和、鎌倉が臨時募集増から削減へ

2024年度の県内公立中学校卒業予定者数は前年より999人減の6万7003人が見込まれるため、公立高校では前年より899人少ない4万608人を募集予定です。23校で募集数を削減しますが、そこには昨年度臨時増員した16校も含まれています。2023年度の平均応募

倍率は前年と同じ1・17倍で都立高校一般入試の1・37倍と比較してそう高くはありません。応募倍率トップの横浜翠嵐は1・98倍でしたが、定員割れ校や低倍率校も多く、その分、通信制高校を選んだ受験生が増えていると思われます。

　2023年度に臨時増となった学力向上進学重点校の川和と重点校エントリー校の鎌倉が2024年度は減員し元の募集数に戻ります。ともに2023年度の応募者数は増えなかったため、実質倍率は緩和しました。両校とも特色検査の自己表現検査実施校であるため、その対策も必要です。定員減によって実質倍率が上昇する可能性はありますが、難度はほぼ変わらないと思われます。

千葉県公立高校入試展望2024

2024年度の千葉県公立高校入試では学力検査で一部マークシート方式が導入されます。東京や神奈川でも採点ミス防止および採点時の負担軽減を目的に実施されており、入試機会一本化から4回目を迎え、精度を増すための変更です。2023年度は中3人口の微増に対し、募集数を削減したことで、平均応募倍率は下がりませんでした。2024年度も中3人口は微増ですが、募集定員数を削減します。前年に続き、「思考力を問う問題」が3校で実施されます。

マークシート方式 一部導入へ

　千葉県の公立高校では、2023年度入試において127校中98校で採点ミスが発覚、933件に上りました。このようなミスの再発防止のため、従来の記述式に加え、選択問題ではマークシート方式を併用することになりました。マークシートでは機械が読み取れるように解答欄を塗りつぶすので、解答の仕方に慣れる必要があります。記述問題でもデジタル採点システムが活用されるため、解答欄のマス目をはみ出さずに記入することが求められます。

　県が公表したサンプルの解答用紙を参考に、丁寧な答案を書くことや時間配分にも注意が必要です。

人口微増でも 募集数360人削減

　2024年度は千葉県内全体の公立中学校卒業予定者数は110人増の約5万3190人と予想されています。ほぼ前年並みですが、人口増に対して公立高校の定員数は削減されます。募集数を減らす7校の多くは実倍率1倍でしたので、全体的な影響は少ないものと考えられます。例外は柏の葉(普通)で、昨年度は1・71倍と高い実質倍率のため、募集数削減で敬遠される可能性もありますが、高倍率は避けられないでしょう。

　公立高校の人気の二極化、私立高校人気や通信制高校人気による公立全日制離れは首都圏全体でみられる傾向です。

　加えて、千葉県の場合、入試機会の一本化以降、全体の平均応募倍率は1・10倍台が続いていて、学区によっては人口減の影響が顕著です。欠員も少し減ったものの2000人を超えたままなので、定員削減を継続すべき、と判断されたのでしょう。今後は高校の統廃合が進むことになりそうです。

県千葉、東葛飾、千葉東 3校で「思考力」継続

　2022年度に県立千葉、2023年度に東葛飾と千葉東で「思考力を問う問題」が導入されました。いずれも難度・人気とも高い進学校です。3校のうち、県立千葉と千葉東は応募者数を減らしましたが、東葛飾は増加、応募倍率トップを維持しています。

　千葉御三家といわれるなかで、併設中学校のある県立千葉と東葛飾とは異なり、高校単独校の県立船橋は今年も導入していません。

　2024年度から開始するマークシート方式の併用は「思考力」問題でも導入される予定です。一般の入試問題より記述が多く思考力も求められるため、問題を解く速度、時間配分も重要です。

埼玉県公立高校入試展望２０２４

埼玉県では「魅力ある県立高校づくり第２期」に伴い、２０２４年度から６校が募集を停止します。２０２６年度の高校再編に向けた動きです。２０２４年度の公立中学校卒業予定者数は約７９０人減の約６万２０２０人が予想されています。ほぼ同数ですが、公立高校の募集数は３万５６００人で８００人削減されます。多くの私立高校ではすでに導入されているインターネット出願校が15校に増えます。

募集数は８００人減 ６校が募集を停止

２０２３年度は県内公立中学校卒業予定者数が約60人増えたのに対し、公立全日制高校の募集数を７２０人削減しました。通信制高校入学生の増加、公立高校の欠員数の多さに対応したものです。平均応募倍率は１・10倍を維持し、定員割れ数は１６８２人から１４８５人に減少したものの約１５００人の多さでした。２０２４年度も人口減少数とほぼ同数の８００人、募集数を削減します。

埼玉県では就学支援金の充実により県内私立高校志願者は増加傾向が続いています。また、近隣他都県と同様、通信制高校志望者も増えています。公立でも人気校に応募者が集中する一方、定員割れ校も含め実倍率が低い高校も少なくありません。

このような状況が次年度も続くことが予想されることから募集数を削減しても、全体的に難化することはないでしょう。

募集を停止するのは岩槻北陵（４）、鳩山（４）、皆野（２）、八潮（４）、和光（４）、浦和工業（５）の６校（カッコ内は前年募集クラス数）で23クラス削減されます。朝霞西（１・08倍）、所沢西（１・08倍）も１クラス募集数を削減。一方、川口市立（１・94倍）が２クラス、越谷東（１・10倍）、鶴ケ島清風（１・09倍）、ふじみ野（１・03倍）がそれぞれ１クラス増員します（カッコ内は前年応募倍率）。人気校の川口市立の募集増は、倍率緩和が期待できそうです。

10月の進路希望調査では市立川越、市立浦和、川口市立の推定倍率が高く、人気は安定しています。２倍を超える高校は減少していて、やや分散しているようにみえます。

電子出願は15校に拡大

私立高校では定着してきたインターネット出願が公立高校でも広がっています。埼玉県公立高校では２０２４年度から15校で電子出願という名称で実施されます。今後も増えていくことが予想されます。

《電子出願実施15校》

川口市立、さいたま市立浦和、さいたま市立浦和南、さいたま市立大宮北、春日部、春日部女子、春日部東、深谷、本庄、児玉、庄和、深谷第一、寄居城北、春日部工業、深谷商業。

学校選択問題導入校は22校

埼玉県では、数学と英語の学力検査が共通問題と学校選択問題の２種類に分かれています。

２０２４年度に学校選択問題を実施するのは、難関上位校・人気校をはじめとした22校です。２０２１年度は春日部女子が外れて川口市立が加わり、２０２２年度には市立大宮北が加わっています。２０２４年度は前年と同じ顔ぶれです。

学校選択問題は記述式をはじめ応用問題を中心に出題されます。一般入試の共通問題と同じものもあれば、テーマが同じで問われ方が違うものもあります。問題が難しくなるため、実施校によっては敬遠する受験生もいることでしょう。しかし、人気校・難関校では応募者数、難度とも高い状態が続いていますので、注意が必要です。

《学校選択問題実施22校》

県立浦和、浦和第一女子、浦和西、大宮、春日部、川口北、県立川越、川越女子、川越南、熊谷、熊谷女子、熊谷西、越ケ谷、越谷北、所沢、所沢北、不動岡、和光国際、蕨、さいたま市立浦和、さいたま市立大宮北、川口市立。

JI TONE
hip
HACHIOJI TONE
Music
HACHIOJI TONE
Academic
Success
HACHIOJI TONE
Diligence
JI TONE
HACHIOJI TONE
Athlete
HACHIOJI TONE
Fine Arts
HACHIOJI TONE
Curiosity
JI TONE
Events
HACHIOJI TONE
Vibrant
School Life
HACHIOJI TONE
Special
Admission
HACHIOJI TONE
Achievement

グローバル教育出版の本

好評発売中

なぜかがわかる分数と濃度の話＋《プラス》

湘南工科大学特任教授　湯浅弘一 著

定 価 1,430円（税込）
四六判　並製 176ページ

困ってませんか？

中学で、算数が「数学」に変わったら、「なんか難しい」、「あれっ、わかんないや」っていう人いませんか。**じつは、小学生のあのとき、わかったつもりで次に進んだことに原因があるんです。**

とくに「分数」と「濃度」のところ、そのほかの単元でも「ちょっと不安だけど、まっいいか」って自分に言い聞かせて、きょうまで来ていませんか。

このままだと、君は「落ちこぼれ」になりかねない。ほんとは「置いてきぼり」にされてるだけなんだけどね。いまのうちに、苦手になってしまったあの部分、小学校のあの日を思い出して得意な部分にしてしまおう。

「数学？ 全然わからない」なんて言ってる、アナタへ

【著者まえがきより〜一部改】《わかると楽しいですよね？　でも、わかりにくいことってありますよね。だけどこの本はきっとわかります。なぜって？　**私が昔、数学が苦手だったからです。〝落ちこぼれ〟ってよく言われますけど、本当は〝置いてきぼり〟なだけなんです。**

どんな方でも〝振り返り〟は大事です。ここまで読んだアナタ！、振り返りの始まりです。さあ、始めましょう》

この本は２色印刷を採用、ふんだんに解説図を使用することで、視覚からもインプット、君の心にストンと落ちる工夫がなされています。

数学は、１つのことがわかると芋づる式につぎつぎとわかっていく楽しい学問です。

そしてそのとき、とてもスッキリとした爽快感を味わうことができます。そうなってしまえば、数学は受験生の友だちになり、志望校合格への大きな味方になってくれます。

株式会社 グローバル教育出版　〒101-0047 東京都千代田区内神田2-4-2 一広グローバルビル3階
電話 03-3253-5944　FAX 03-3253-5945　WEB https://www.g-ap.com/

あの学校の魅力伝えます

スクペディア No.112

足立学園《あだちがくえん》高等学校

東京都　足立区　男子校

所在地：東京都足立区千住旭町40-24　生徒数：男子のみ836名　TEL：03-3888-5331　URL：https://www.adachigakuen-jh.ed.jp/
アクセス：JR常磐線・地下鉄日比谷線・地下鉄千代田線・東武スカイツリーライン・つくばエクスプレス「北千住駅」徒歩1分、京成線「京成関屋駅」徒歩7分

「自ら学び　心ゆたかに　たくましく」

地域の熱意にこたえ、1929年に創立した足立学園高等学校(以下、足立学園)。北千住駅から徒歩1分という立地も魅力の男子校です。「自ら学び　心ゆたかに　たくましく」を教育目標に掲げ、「志を持ち自ら将来を切り拓ける人材（人財）」の育成をめざす足立学園では、どのような高校生活が待っているのでしょうか。生徒の可能性を広げる特色ある教育をご紹介します。

生徒の将来を切り拓く特徴ある3コース制

足立学園では、高校の3年間を2つのステージに分けています。高1は学力伸長発展期。中学までに培った基礎力を土台に応用力をつけていきます。高2・高3は応用完成期。育んだ能力を、具体的に進路を意識した学びへとつなげます。どちらのステージでも生徒同士で学びあいや議論を活発に行うアクティブ・ラーニング形式の授業を取り入れており、「自ら学ぶ」姿勢も育みます。

コースは進路別に3コース制を採用しています。「探究コース」は「答えのない課題に向き合い探究する能力」の育成をめざし、東京大学をはじめとする難関国公立大学や海外難関大学が目標です。高2まで文系・理系のクラス分けは行わず、幅広い教養を身につけ、高3で選択科目による文系・理系選択となりますので、希望進路に合わせた入試対策が可能です。「文理コース」は早稲田大学、慶應義塾大学をはじめとする最難関私立大学をめざすコース。そして「総合コース」はG-MARCHをはじめとする難関私立大学を目標とするコースです。こちらは両コースともに高2から文系・理系別のクラス編成となります。

また、足立学園の独自科目「探究総合」の授業では、探究コースは探究活動を経験する「課題探究」を中心に、そして文理コースと総合コースは自分の将来を見つめる「進路探究」を中心に取り組むなど、コースの特色に合わせた探究カリキュラムを構築しています。

「Microsoft Showcase School」※認定校でもあり、学習の多くの場面でICTを活用している点も足立学園の特徴です。そのほかにも、希望者を対象とした多彩な海外研修制度や、補習・講習、高3生対象の入試対策直前ゼミといったきめ細やかな学習サポートなど、生徒の将来を切り拓く力をしっかりと育てる学校です。

※マイクロソフト本社が認定する教育ICT先進校。ICT活用による教育変革を目標に、授業など日常の学校生活でICT活用に取り組む。

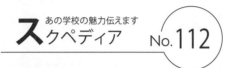

あの学校の魅力伝えます
スクペディア No.113

武蔵野《むさしの》高等学校

東京都　北区　共学校

所在地：東京都北区西ヶ原4-56-20　生徒数：男子349名、女子235名　TEL：03-3910-0151　URL：https://www.musashino.ac.jp/mjhs/
アクセス：都電荒川線「西ヶ原四丁目駅」徒歩3分、都営三田線「西巣鴨駅」徒歩8分

個性を伸ばす2つの学びのステージ

1912年の創立以来、110年を超える歴史を重ねてきた武蔵野高等学校（以下、武蔵野）。校訓に掲げる「他者理解」は、人それぞれが異なる考えを持つことを理解し、そのうえで、自分自身の意見を持って主体的に行動することを表します。この実現のため、同校では「他者との協働のもと、個々の潜在能力を引き出す活気あふれる学校」をめざして多彩なプログラムを実施しています。

自分らしく学べる「学びの舞台」を用意

武蔵野では、高1から大学受験を念頭においた発展的な授業を行う「特進ステージ」と、基礎問題を繰り返し学習して確かな学力を身につける「進学ステージ」の2つのステージを用意。生徒はそれぞれの「学びの舞台」で様々な経験をしながら、自分らしい学校生活を送っています。

「特進ステージ」は、G-MARCHなど難関大学への現役合格をめざすコースです。入試問題にも早い時期から挑戦し、実践を積んで応用力・実践力を鍛えます。とくに、授業後に行われる「7限目講習」では、数学・英語の2科目で生徒の学習レベルに応じた講習を実施。自分に合った問題に取り組めるので、学力を着実に伸ばしていくことが可能です。

「進学ステージ」は、基礎知識を身につけながら、日々の部活動や学校行事にも全力で取り組みたい生徒に適したステージです。苦手を作らない丁寧な指導が特徴で、生徒は「できた！」という体験を積み重ねることで、学習意欲を高めていきます。

そんな武蔵野生の学習の下支えとなっているのが、「セルフチェックノート」です。その日の学習や出来事を書きながら省みることで、より客観的な視点から学習計画を立てられます。教員とのコミュニケーションツールにもなっており、教員はこれを見ながら勉強面や生活面でのサポートを行います。加えて、21時まで利用できる「武蔵野進学情報センター」では、常駐のサポーターが勉強の相談にのってくれるほか、希望者対象のオンライン英会話やAI教材を使用した学習講座（有料）も実施。自ら立てた学習計画を無理なく実現できる環境が整っています。

手厚い支援体制で、学習意欲を伸ばしていく武蔵野。2023年度からは制服もリニューアルし、生徒は気持ちも新たに将来の夢へと向かって前進しています。

城《じょう》西《さい》大《だい》学《がく》付《ふ》属《ぞく》川《かわ》越《ごえ》高等学校

埼玉　男子校

問題

下の図のように，放物線 $y=ax^2$（aは正の定数）と直線が２点A，Bで交わり，Aの x 座標は－２，Bの x 座標は4とします。このとき，次の問いに答えなさい。ただし，円周率は π とします。

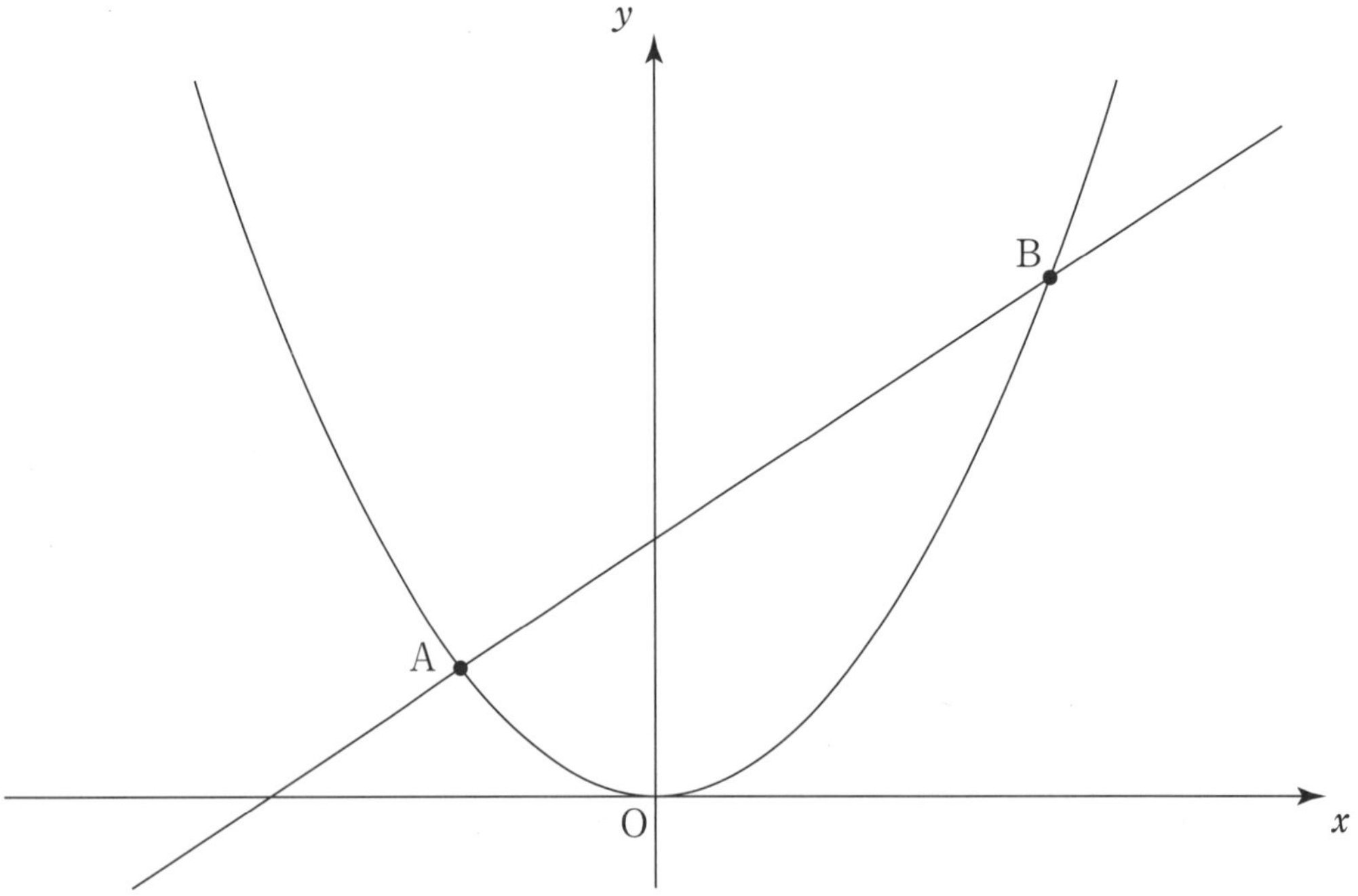

（1）直線ABの傾きを a を用いて表しなさい。

（2）△OABの面積を６とするとき a の値を求めなさい。

（3）（2）のとき，△OABを x 軸のまわりに１回転してできる立体の体積を求めなさい。

解答　（1）$2a$　（2）$\frac{1}{4}$　（3）20π

●埼玉県川越市山田東町1042
●049-224-5665
●JR埼京線ほか「川越駅」、JR高崎線「桶川駅」、東武東上線・越生線「坂戸駅」、西武新宿線「本川越駅」スクールバス
●https://www.k-josai.ed.jp/

【2024年度 入試日程】
1月22日（月）単願・併願・帰国生
1月23日（火）単願・併願
2月5日（月）併願

国府台《こうのだい》女《じょ》子《し》学《がく》院《いん》高等部

千葉　女子校

問題

nを正の整数とする。n枚のカードがあり，これらのカードは表面に１からnまでの整数がそれぞれ書かれている。このn枚のカードを表面を上にして全て並べて，以下の作業をする。

作業１　１の倍数が書かれたすべてのカードの表，裏を逆にする。
作業２　２の倍数が書かれたすべてのカードの表，裏を逆にする。
作業３　３の倍数が書かれたすべてのカードの表，裏を逆にする。
⋮
作業n　nの倍数が書かれたすべてのカードの表，裏を逆にする。

（１）　$n=16$とする。６の正の約数は１，２，３，６の４個であるので，６のカードは作業１で裏になり，作業２で表になり，作業３で裏になり，作業４，作業５ではなにもせず，作業６で表になり，作業７～作業16ではなにもしない。このように６のカードは６の正の約数の個数と同じ回数だけ表裏が逆になるため，作業16が終わったとき表の状態で置かれていることになる。

同様に考えて，作業16が終わったとき，15の正の約数は［ア］個であるので15のカードは［a］，16の正の約数は［イ］個であるので16のカードは［b］の状態で置かれている。

（i）［ア］，［イ］に当てはまる数を答えなさい。

（ii）［a］，［b］には表，裏のいずれかの言葉が入る。これらの組み合わせとして正しいものを以下の選択肢から選び，記号で答えなさい。

①［a］は表，［b］は表　　②［a］は表，［b］は裏
③［a］は裏，［b］は表　　④［a］は裏，［b］は裏

（２）$n=20$とする。作業20が終わったとき，表になっているカードは何枚あるか。

（３）作業nが終わったとき，表になっているカードは129枚であった。このときのnの値を求めなさい。

解答　(1)(i)［ア］:4　［イ］:5　(ii)②　(2) 16枚　(3) 140

●千葉県市川市菅野３-24-１
●047-326-8100
●京成本線「市川真間駅」徒歩５分、JR総武線「市川駅」徒歩12分
●https://www.konodai-gs.ac.jp/senior/

【2024年度入試日程】
１月17日（水）単願推薦・併願推薦

開智国際大学、本当に強い大学820校中158位
「自分らしく学ぶ」教育学部、国際教養学部が人気上昇中

千葉県柏市にある開智国際大学が、週刊東洋経済臨時増刊「本当に強い大学2023」の「本当に強い大学ランキング(※)」で、全国820大学中158位にランクされました。学生数600名の小規模大学ながら、大学改革に取り組み、少人数で学生が主体的に学ぶ授業やゼミ、親身なキャリア指導で就職率のアップなど著しい開智国際大学を取材しました。【タイアップ記事】

開智国際大学の緑あふれるキャンパスは、千葉県柏市の住宅街にあります。出迎えてくれた青木徹学長に、早速、大学の魅力を伺いました。

「この大学の一番の魅力は、ワクワクする少人数の授業です。講座ごとの人数を平均すると20人前後で、学生と教授陣の関係が近く丁寧な学びが行われます。とくに大学1年生の週3回の英語の授業（90分）は、初級から最上級まで10クラス以上の習熟度別に分かれ、1人ひとりの学力にあった学びが行われます。開智学園が積極的に行っている探究型授業や対話型授業を通して質の高い学びを行っています」と述べてくれました。続けて「また、同じ講座を標準クラス、ハイレベルクラスに分けたり、日本語で行うグループと英語で行うグループに分けて学んだりと、学生のニーズに対応しています」と語ってくれました。

併設小・中・高等学校との関係が年々密になる開智国際大学

開智国際大学にはいくつもの併設小学校、中学校、高等学校があり、これらの学校との関係性を伺いました。

「大学では今年からノーベル賞を取られた大村智先生の名を冠した『大村智探究賞、英語賞』という懸賞論文・レポートを地域の学校から応募してもらい、表彰することにしました。小学校の部門では、開智小学校と開智望小学校の児童が、中・高の部門では開智中学・高等学校、開智未来中学・高等学校、開智日本橋学園中学・高等学校、開智望中等教育学校のたくさんの生徒たちが応募してくれました。

また、11月には開智学園全体の教員研修会を開智国際大学が主管して行いました。開智学園すべての先生方に開智国際大学に集まっていただき、より良い教育を行うための勉強会を朝から夕方まで丸1日行います。大学の素晴らしい授業も参観してもらい、開智国際大学の良さも知ってもらえたと思います」

フルタイムの教員就職率95%

さらに、教育学部の概要について伺うと、「教育学部は、小学校教諭、中学・高校の国語、数学、社会（高校は地歴・公民）の免許が取れます。昨年度、教員志望者の学生のうち正規教員としての就職率は95%、非常勤まで含めれば100%でした。この高い就職率は、大学での教育学の指導だけでなく、大学1年生から併設校での探究型授業やフィールドワークといった学びをインターンシップで体験するところにあるのだと思います。加えて大学1年生からの教員採用試験対策をしっかりと行っていることも欠かせません。なかには公務員になったり民間の教育機関に就職する学生もいます」と詳しい内容を伺えました。

確かに、開智国際大学の教育学部は文部科学省がめざす「主体的、対話的で深い学び」の指導ができる教師を養成するために、大学の授業がディスカッションやプレゼンテーションが多いアクティブラーニング型になっています。また、来年度から「教職深化プロジェクト」という新しい学習プログラムを創り、これからの学校に必要なよりハイレベルな教育学、指導法を学ぶ特待生クラスを開設し

※「教育・研究力」「就職力」「財務力」「国際力」の4つの力を表す定量データを3～4選び、計13の指標で評価。

ます。このプログラムを履修する学生は、大学の授業料が4年間で210万円と、国立の授業料より低額になる特待生になります。

4つの分野から科目を自分で選び学ぶ国際教養学部

国際教養学部では、グローバル・マーケットで活躍できるビジネスパーソンや社会のニーズにあったサービスを提供できる人材、状況を判断して、適切な判断ができる人材、英語やデータサイエンスのスキルなど、科学的根拠に基づいて仕事のできる人材を育成する学びを行っています。

そのために、データサイエンスやAIに加え心理学の分野を学ぶ「ヒューマン・イノベーション」、経営・経済・国際金融・マーケティングなどの分野を学ぶ「グローバルビジネス」、英語やコミュニケーション、メディア、観光の分野を学ぶ「グローバル・コミュニケーション」、世界の国々の文化、SDGsなどの分野を学ぶ「グローバル・カルチャー」と4つの分野のプログラムから、自分の興味や将来の仕事との関係性を考え、自由に科目を選び履修していきます。

こうした学びを通して、官公庁をはじめ、メーカー、小売業、総合商社、ホテル、航空、報道機関など様々なグローバル企業へ94・9％の率で就職しています。

凄い、開智の英語とデータサイエンス「特待プログラム」

こうした高い就職率を支えているのが、高い英語力です。学生全員が4年間で、TOEIC600点をめざし学んでおり、TOEIC対策講座はもとより、充実した英語の授業が展開されています。来年度からは、英検2級以上の学生のために「英語マスタープログラム」を用意し、ハーバード、ダートマス、コロンビアなどのアメリカトップレベルの大学院や大学出身の教授陣が、4年間であわせて2500時間以上の指導を行います。また、英語が得意でなくても、4年間で英語が自在に話せ使える学生を育成するために「英語チャレンジプログラム」も用意しており、この2つのプログラムを履修する学生は、大学の授業料が4年間で210万円と、国立の授業料より低額になる特待生になることができます。

なお、8月のTOEIC（IPテスト）で国際教養学部の1年生の成績上位3人は、875点・850点・755点と素晴らしい結果を残しています。

さらに、これからの学問である「データサイエンス・AI人材育成プログラム」を開設します。企業で頼りにされるサイエンススキルを4年間で身につけるもので、このプログラムを履修する学生も授業料が4年間で210万円です。また、学びの改革だけでなく、大学生活を充実させるための改革にも力を入れています。新しい部活動や同好会の発足をバックアップしたり、新学生ラウンジには、お茶を飲みながら相談できるキャリア（就職センターや教員をめざす学生のための教職センターが用意されています。敷地内の森を整備し、テニスコートを備えたグラウンドを準備しているそうです。

大学1年生は入学してすぐに、3年生は就職活動を開始する9月以降に、10数名単位で、大学が用意した美味しいお弁当を食べながら大学の教授陣と懇談する「語ランチ（カタランチ）」では、学生の様々な要望や授業に対する意見を大学側が聞いてくれると好評です。

「本当に強い大学ランキング」の順位に表れているように、今年のオープンキャンパスへの来校者が昨年の2倍近くに伸びており、これからの開智国際大学の動向が非常に楽しみです。

■2024年度　入試日程

入試形式	期	試験日	出願期間	合格発表	入学手続締切日
共通テスト利用型〈特待選抜〉〈一般選抜〉	Ⅰ	大学独自の試験なし	12/18（月）～ 1/12（金）	2/ 8（木）	2/15（木）
	Ⅱ		12/18（月）～ 2/10（土）	2/16（金）	2/22（木）
	Ⅲ		12/18（月）～ 3/ 8（金）	随時 最終発表 3/14	3/18（月）
一般選抜 特待型	Ⅰ	2/ 3（土）	1/ 5（金）～ 1/26（金）	2/ 5（月）	2/ 9（金）
	Ⅱ	3/13（水）	1/ 5（金）～ 3/ 8（金）	3/14（木）	3/18（月）
一般選抜	Ⅰ	2/ 3（土）	1/ 5（金）～ 1/26（金）	2/ 5（月）	2/ 9（金）
	Ⅱ	2/16（金）	1/ 5（金）～ 2/ 9（金）	2/19（月）	2/22（木）
	Ⅲ	3/ 1（金）	1/ 5（金）～ 2/26（月）	3/ 4（月）	3/ 8（金）
	Ⅳ	3/13（水）	1/ 5（金）～ 3/ 8（金）	3/14（木）	3/18（月）
総合型 特待チャレンジ入試	Ⅱ	12/17（日）	11/20（月）～12/ 8（金）	12/21（木）	1/ 9（火）

開智国際大学

〒277-0005 千葉県柏市柏1225-6
URL : https://www.kaichi.ac.jp

LINE　大学HP

■最寄り駅
JR常磐線・東武アーバンパークライン「柏駅」

■併設校
開智小学校、開智中学・高等学校、開智高等部
開智未来中学・高等学校、開智日本橋学園中学・高等学校
開智望小学校・中等教育学校

神奈川県●別学校

桐《とう》光《こう》学《がく》園《えん》高等学校

1978年に男子校として創立し、1991年に女子部を併設して以来、男女別学教育を実践する桐光学園高等学校。難関大学に多数の合格者を輩出する一方、部活動でも全国大会出場常連の運動部、文化部があり文武両道の進学校として知られています。今回は、国際部長の岡村薫先生と国際部グローバルプログラムチーフの吉野嵩刀先生にお話を伺いました。

海外の貴重な体験を正しく評価

本校で帰国生入試を始めたのは2010年ですが、それ以前にも海外での生活経験がある生徒が在籍していました。帰国生は異文化に適応するために凄まじいストレスを抱え、日本帰国後にも逆カルチャーショックや受験に伴う不安を経験することが少なくありません。

また、一般に帰国生と言えば「英語ができる生徒」という印象が強く、アジアを中心とした非英語圏から帰国した生徒は評価されづらい風潮がありました。

そこで、全世界からの帰国生たちが海外で経験したことを正しく評価し、のびのびと過ごせる環境を提供しようと考え、帰国生を積極的に受け入れています。

現在は、帰国生入試だけでなく、一般入試や推薦入試からも多くの帰国生が入学しています。

帰国生が「特別じゃない」環境

海外での生活を経験したことのある生徒は全校生徒の10～20%に上るうえ、一般生と同じクラスに在籍するため、本校では決して特殊な存在ではありません。

教員も「帰国生は積極的だ」といったバイアスを排し、授業、部活動、行事のいずれでも一般生と分け隔てなく接しています。良い意味で帰国生が「浮かない」のが本校の特徴だと言えます。

異文化受容ストレスなどを専門とする専任のカウンセラー2名が勤務し、精神的なケアもしています。

もちろん、自らの海外経験を強みとしてさらに伸ばすこともできます。

高校1年生の英語の取り出し授業では、外国人教員による週2時間の授業と週3時間の日本語での授業を組み合わせることで、生徒の将来を見据え、自分の意見を正しい英語で発信する力を養成するべくきめ細かく指導しています。

近年では、卒業後の進路として海外大学を考える生徒も増え、海外大学の修士課程を修めた教員を中心

高3・国立大学理系進学コースの選択理科「生物」の授業では、豚の眼球の解剖にも取り組みます。女子も積極的に実験を行います。

国際部長
岡村 薫 先生
（おかむら　かおる）

国際部
グローバルプログラム
チーフ
吉野 嵩刀 先生
（よしの　たかと）

学びをつなぐ特別授業とグローバルプログラム

本校の生徒には、大学入試のための知識を身につけるだけでなく、広い視野を持ってこれからの社会で活躍してほしいと考えています。

そこで、通常授業とは別に様々な特別授業や講習を実施しています。例えば、年間20回以上の「大学訪問授業」では各界の第一線で活躍される研究者・専門家をお招きし、「大学で何を学ぶのか」を体験できます。

また、放課後や土曜日、夏休みを利用して年間600以上の選択講習を開講しています。各教科のハイレベルな演習のほか、模擬裁判を体験したり、現代社会の正解のない問いに向き合ったりする教科横断型のユニーク講習によって学びのきっかけを作っています。

さらに、イギリスの名門・イートン校やケンブリッジ大学への短期留学、アメリカ、カナダなどへの中長期の留学を含む多様なグローバルプログラムがあります。

教科学習を「点」とするなら、特別授業やグローバルプログラムがその点をつなぐ「線」として機能して学びを広げていくのが本校のスタイルです。

その成果の一つが、留学を希望する生徒の相談や海外研修の発表を行う「TOKOグローバルフェア」です。このプログラムは生徒の発案で開催するようになり、帰国生も積極的に関わってくれています。

実際に来てみて分かる桐光学園の魅力

帰国生入試は英語の筆記試験と、日本語の面接試験で行いますが、例年英語圏以外の国に滞在していた生徒も受験しています。

入学後の学習に鑑みて、英語の筆記試験はリスニング、英文和訳、英作文、英文エッセイ、長文読解、文法問題など幅広く出題します。英検2級程度の難易度としていますが、ホームページ上に公開している過去問を利用して実際のレベルをつかんでください。

また、学校見学はいつでも受け付けています。教員1名が付き添って、様々なご質問に答えながら校内の各施設をご案内します。ぜひ一度足を運んでいただき、直接本校の魅力に触れていただきたく思います。

同時に、各種試験の対策や自己ポートフォリオの作成などの指導も行っています。それと同時に、海外大学と国内大学との併願や、大学卒業後の留学も選択肢の一つとして伝えるなど、生徒一人ひとりに適した進路指導を心がけています。

新年度の準備を始めましょう

秋ごろから始まった2023年度高校入試もいよいよ本格化してきました。中学3年生にとっては、1分1秒も無駄にできない日々が続いています。

また、非受験学年にとっても年度の切り替わりはとても重要な時期です。新年度に良いスタートが切れるよう早め早めの準備を行ってください。

今の学年の積み残しを作らないためには、どんなに小さな疑問でも解決しておくことが大事です。

来年の受験勉強に立ち向かう前に、積極的に先生に質問する習慣をつけておきましょう！

早稲田アカデミー国際部から

Web 帰国生入試報告会（中3）

帰国生入試をお考えの保護者様を対象に、最新の入試動向や対策についてお伝えします。映像は期間中、いつでもどこでもオンラインで視聴可能。実施の詳細は1月下旬よりWebサイトにて公開します。

中学生の未来のために！
大学入試ここがポイント

この雑誌をお届けできたのは1月なかば過ぎでしょうか。大学入学共通テストの実施直後にあたると思います。今回の出願者は昨年に引き続いて減少し50万人を割りました。まずはその話題から話を進めます。まだ中学生であっても、これから大学に進もうとするみなさんに、これらの大学入試情報をお伝えするのがこのページの役目です。

NEWS

大学入学共通テストの出願者数50万人を下回る

少子化と「年内入試」に押されたか

50万人を割ったのは1992年以来32年ぶり

大学入試センターは昨年の12月5日、2024年1月13日、14日実施の大学入学共通テスト（以下、共通テスト）の出願者数（確定値）について、前回から2万668人（4・0％）減り、49万1913人だったと発表しました。

同センターによると、50万人を切ったのは1992年度の大学入試センター試験（共通テストの前身）以来とのことです。

担当者は「18歳人口の減少や各大学の入試動向が影響して出願者数が減った」と分析しています。なるほど、全国の高校などを3月卒業見込みの生徒数は92万7214人で、前年度比約4万2000人減る見込みとなっており、今回の出願者減少は少子化の影響を受けていることは確かです。

そのほか、12月までに合否が出る「年内入試」と呼ばれる総合型選抜（旧AO入試）や学校推薦型選抜（旧推薦入試）の人気が高まっており、共通テスト出願締め切り（2023年度は10月5日）までに、進学先がほぼ決まっている受験生が多くなっていることも、共通テスト出願者が減っていることの背景にあるでしょう。

年内入試を受けていても10月5日までに合否が判明しない受験生は、共通テストに「とりあえず出願」はしたでしょうから、実受験者数での減少の要因ともなるのは間違いありません。

このことは前号のこのページでも触れていますが、「年内入試」の2つの選抜は「共通テストを受けなくて済む」「早く合格が決まる」ことから人気があり、大学側も早めに学生を確保できるメリットから、その拡大に積極的です。

いまでは私立大学入学者の60％近くが両入試での合格者となっています。国立大学でも20％近くとなり、両入試でこれだけ多くの高校3年生が11月までに合格を決めています。

また、国立大学は、両入試と国際バカロレア入試を合わせた定員を、募集定員の3割にまで拡大する目標をすでに公表しています。

現役生の割合85％を超える 来年度新課程採用でますます

一方、現役生のなかで共通テストに出願した生徒の割合は、前年度比0・1ポイント増の45・2％で、過去最高となっています。共通テスト志願者全体に占める現役生の割合は85・3％で、どちらも過去最高をわずかながら更新。高

医学部、教員養成学部を中心に「地域枠」拡大

校既卒生（浪人生）は5年連続の減少となり、占有率も13・9％と過去最低を更新しています。

多くの現役生が共通テストに臨み、現役生中心の入試になりつつあるといえます。

減少してきた18歳人口は、来年以降、数年は横ばいで推移すると推計されているため、次の2025年度入試の志願者数も横ばいとなる見通しです。

2021年に始まった共通テストは今回が4回目でしたが、5回目となる2025年1月の共通テストは、より新課程に対応した7教科21科目に再編されるため、現行の6教科30科目で構成するのは今回が最後となりました。

これまでも入試制度が変更された年をみると、高校既卒生の減少が目についています。

来年は、情報という教科が加わったり、国語では思考力を問う問題が増やされ試験時間が10分延長されたりなどする新課程の入試に変わります。

今回の共通テスト受験生は、それがわかっていたわけですから、「来年は難しくなる」ととらえて、なんとかして現役での大学進学をめざすことでしょう。

つまり来年の共通テストは、新課程入試に変わることで、よりいっそう、既卒生の志願者数が少なくなることは目に見えているともいえます。

共通テストは、ますます「現役生の入試」へと傾きます。

「地域枠」は様々な学部に拡がる

デジタル人材確保にも利用 地域の要請に応える意味も

読売新聞の調べによると、全国の国立大学の約6割が、その入試制度で地元に就職することなどを条件にした「地域枠」を設けていることがわかったといいます（2023年11月26日朝刊）。

地方を中心に、首都圏でも医学部や教育学部で多くみられるといい、地場産業での人材育成や定着を目的に複数の学部で導入している大学もありました。その背景には、人口減少と過疎化が進むなか、人材が不足する医師や教員を確保したいという各地域の要望があるからだ、と伝えています。

国立大学は全国に86ありますが、そのうち、地方を中心に48大学が地域枠を設けており、「今後設ける」と「設ける方向で検討」も各2大学でした（大学院のみで学部を持たないものを対象から除く）。

学部別（複数回答）では、医学部など医学系が37大学、教育学部など教員養成系が18大学で地域枠を設置しており、いずれも人材確保が課題となっている学部です。

地域枠は、医師の偏在解消のため、卒業後は過疎地で一定期間働くことを条件に、2000年代に医学部で始まったといいます。

文部科学省の2022年度統計では、同年度地域枠で入学した医学部生は私立大学を含め約1700人で学年全体の18％に上ります。

また、文科省は2024年度から、特定の地域で教員をめざす高校生らのために「地域教員希望枠（地域枠）」を持つ大学の支援に乗り出します。

地域の教育委員会と連携した教員養成の取り組みの関連経費を補助し、各地域で教員志望者を確保するよう促すといいます。将来的には地域枠を全国の大学に拡大したい考えです。

医学部、教員養成学部にとどまらず、地域活性化のため幅広い学部で導入する動きもあり、島根大学は法文学部や医学部など7学部で導入しています。

岩手大学では地元で畜産が盛んなことから、獣医師を確保しようと、農学部共同獣医学科で取り入れています。広島大学は情報科学部、三重大学は生物資源学部で導入してデジタル人材の育成をめざしています。

東大入試突破への現代文の習慣

東大入試を突破するためには特別な学習が必要？　そんなことはありません。身近な言葉を正しく理解し、その言葉をきっかけに考えを深めていくことが大切です。田中先生が、少しオトナの四字熟語・言い回しをわかりやすく解説します。

早稲田アカデミー教務企画顧問

田中としかね

東京大学文学部卒業
東京大学大学院人文科学研究科修士課程修了
専攻：教育社会学
著書に『中学入試 日本の歴史』『東大脳さんすうドリル』など多数。文京区議会議員。第48代文京区議会議長、特別区議会議長会会長を歴任。

田中先生の「今月のひと言」

納得のいくまであがき続ける！かっこ悪くなんかありません。

今月のオトナの言い回し

掉尾《ちょうび》を飾る

「テストの直前になってバタバタしても仕方がないですよね。心を落ち着かせて、焦らずに平常心でテストを受けられるように、テストの前は早く寝た方がいいですよね」

定期テストに備えて学習を進めている生徒から、こんな質問がありました。明らかに「早く寝た方がいいよ」という答えを期待しての質問です。「言い訳しないでやることやってから寝ろ！」と突き放してもよかったのですが、普段から真面目な生徒です、「勉強したくない」ことの「言い訳」というわけでもないようでしたので、「誰かからアドバイスを受けたの？」と聞いてみました。

「受験生の『合格体験記』を読みました。そこに『焦りは禁物』と書いてあって。『今さらジタバタしても始まらない。最後は『俎板《まないた》の鯉《こい》』になって開き直りました』という言葉が印象に残って。それがいいのかな、と思って」

「俎板の鯉」という言葉を「何もしないで早く寝る方がいい」と、自分なりに解釈したというわけだったのですね。でも、ここで受験生が使っている「俎板の鯉」という表現は「人事を尽くして天命を待つ」というニュアンスに近く、「自分のできることをしっかりと頑張った」（人事を尽くした）後の心境をあらわしているといえます。度胸がついたのです。ですから自信をもって「何もしない」という態度をとることができますし、精神的にも安定しているのですね。そこで生徒には「テスト前にやり残したことはないと思えれば、早く寝た方がいいと思うよ」と伝えました。「そんな風には思えません……あれもやらなきゃ、これもやらなきゃ、と考えてしまいます。でも『焦りは禁物』って、あるから……」。どうやら、無理やりにでも「俎板の鯉」にならなくてはいけない！と思い込んでいるようです。真面目さが裏目に出ていますね。

「じゃあ、同じ魚にまつわる慣用句だけど、『俎板の鯉』ではなくて『掉尾を飾る』という言葉は知っている？」と、聞いてみました。

「俎板の鯉」と「掉尾を飾る」は、どちらも捕まえられた魚が「最期」を迎える際に示す態度をあらわした言葉です。俎板の上にのせられて、まさに包丁でさばかれるという瞬間に、動かずにいて「堂々とした風格」すら感じさせる「俎板の鯉」という態度に対して、「掉尾を飾る」というのは、「最後の力を振り絞り、尻尾を激しく動かして抵抗している様子」をあらわしています。派手に暴れているのですね。なんとなく「無駄な抵抗」というニュアンスを感じてしまいます。でも「飾る」という言葉が使われていることからもわかるように、ネガティブなイメージはありません。むしろ「物事の最後を立派に締めくくる」という意味になるのです。「最後まで勢いは盛んであった」「やり遂げることができた」と賞賛されるイメージなのです。

「『掉尾を飾る』という慣用句は知りませんでした。『俎板の鯉』とは正反対の態度ですね。でも、テストの前だと『悪あがき』をしているようで。かっこ悪くないですか？」

「目の前の課題に対して、何とかしようとあがき続けることは、重要なこと！　あれもやらなきゃ、これもやらなきゃ、と思い悩むだけでなく、少しでもいいから実際にやってみることが何よりも大事！　終わらなくても、最後の最後まで頑張り続けられたなら、それは立派なことだよ。途中で目をつぶって見ないようにするほうが、かっこ悪いことだと思うよ」

「でも、同じ『最期』を迎えるなら、静かに目をつぶっていたほうが……」。どうやら「魚が最期を迎える際の態度」という設定に、イメージが引きずられているようです。「では、こっちを考えてみて。同じ鯉でも、じっとしたままでいる『俎板の鯉』の姿ではなくて、激流に立ち向かってさかのぼっていく姿の方を！　『鯉の滝登り』をイメージしてみて」

「鯉の滝登り」というのは、「勢いがいいこと」の例えであり、さらには「立身出世すること」の例えでもあります。こどもの日（端午《たんご》の節句）に「こいのぼり」を立てるのは、このためですよね。「掉尾を飾る」の、「勢いが盛ん」で「やり遂げる」というイメージと重なりますが、こちらの鯉は何より生きていますし、さらにはやり遂げた後に「竜」になるというおまけまでついてきます。「登竜門《とうりゅうもん》」という言葉もここから生まれましたよ。『後漢書』に由来する故事成語になります。

「難関を目指すなら、とにかく自分が納得のできるまで、あがき続けることが大切だよ。じたばたすることに意味はあるのです！　何をやればよいのかがわからなくて、悩んでいるなら、われわれ受験のプロに聞けばいいのです。ここまでやればいい！を明確に伝えることができますから。安心して、目の前の課題をやっつけてください」

「わかりました！　鯉が竜になるまで、あがき続けるのですね。竜になれば、焦りも消えるということですね」。

そうです、そのイメージです！

今月のオトナの四字熟語

行動変容

前回のこのコーナーでは、あらためて「習慣化」の重要性を訴えました。その際に引用したのが「卓越性（優秀さ）は、一つの行為ではなく、習慣によって決まる。繰り返し行っていることが、われわれ人間の本質である」という古代ギリシャの哲学者アリストテレスの言葉でしたね。優れた結果というのは、一時的な行動ではなく、習慣から生まれてくるのだということ。人は習慣によってつくられるのだ！という強いメッセージです。

でも、そもそも「習慣」とはなんでしょうか？「一時的な行動」と対比されていることからもわかるとおり、「習慣」とは「行動の積み重ね」のことです。「日常的に維持されていかなければならない行動」のことを「習慣」と呼ぶのですね。

食生活のことを例にとれば、イメージしやすいと思います。今の自分の体をつくりあげているのは、これまで摂取してきた食事に他なりません。それでも「昨日食べたもの」（一つの行為）が、すぐさま体をかたちづくるわけではないことは理解できるでしょう。普段の食事（繰り返し行っていること）こそが、今の自分の体に「結果」となってあらわれてきているのです。「生活習慣病」という言葉があるように、「繰り返し行っていること」の結果、病気にかかることもあるわけです。「食べすぎに注意する」「食塩をとり過ぎない」など、「節制」を求められることもあるでしょう。まさに「習慣」が「人をつくる」のですね。

「習慣が大切なことはわかりました。でも、その習慣をつくりあげることが難しいのではないでしょうか？」という疑問が浮かびます。アリストテレスが答えていますよ。「竪琴《たてごと》を弾くことによって竪琴奏者になる。これと同様に、節制あることを行うことによって、われわれは節制ある人になるのである」と。でもこれはどういうことでしょうか？

「節制ある人になるためにはどうすればよいか」ということの答えとして「節制あることを行いなさい」と述べているようなものです。ところがここが重要なのです。「行動」が変わるということ。この「行動を変えること」をあらわす四字熟語が「行動変容」になります。「では変えましょう！」といっても、一筋縄にはいきませんよ。失敗したり妥協したりしながら少しずつ改善していくというのが、当たり前なのです。でも、まずは「行動を起こすこと」がなければ始まりません。「竪琴を弾いてみる」という第一歩こそが「行動変容」なのです！

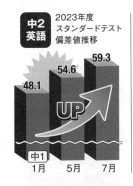

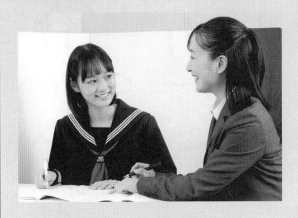

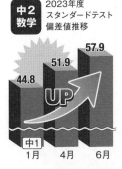

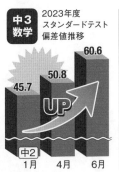

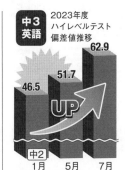

難関大学現役合格のカギは「早期スタート」と「計画性・実行力」

人によって"スタートライン"が違う？

高校入試まであとわずか。入試が終われば、いよいよ高校生活のスタートです。身につけた力をさらに伸ばし、3年後の大学入試でより高い目標に挑戦しようと考えている人もいるでしょう。

大学入試には、高校入試とは大きく異なる特徴があります。高校入試は、同じ公立中のカリキュラムで学んだライバルたちと競い合う入試です。しかし、大学入試はそうではありません。中学受験をした中高一貫校の生徒や、既に高校を卒業した生徒たちと競い合う入試です。つまり、皆さんが高校に進学するより前に高校カリキュラムの学習を進めている人や、高校卒業後に十分な実戦対策を積んだ人がライバルになるのです。また、「ラストスパートで逆転すること」が非常に難しい、というのも大学入試の特徴です。その理由は、大学入試では高1学習内容からも多くの問題が出題されるからです。高3になってから高1の数学をもう一度おさらいする……というペースでは到底間に合わないのです。

難関大現役合格を実現するため

早稲田アカデミー
大学受験部長
加藤 寛士

東進衛星予備校

2023年 現役合格実績※

東大	国公立医・医
845名	**1,064**名

旧七帝大 +東工大・一橋大・神戸大	早慶大
4,703名	**5,741**名

※東進ネットワーク（東進ハイスクール・東進衛星予備校・早稲田塾）の合同実績

⊍ 早稲田アカデミー 大学受験部

── 難関大学への高い現役合格率 ──

東大合格率※
77.2%

早慶上智大
進学権獲得率※
62.0%

※志望校別対策講座「東大必勝コース（1組）」に、12月に在籍した生徒の合格率

※志望校別対策講座「早慶大必勝コース（1組）」に、12月に在籍した生徒の進学権獲得率

2023年実績

には、まず自分の目標をしっかり定め、その達成に向けて早期にスタートすることが大切です。目標達成のために「いつまでに何をすればよいのか」を計画し、それを一つずつ実行していく習慣を、ぜひ高1の早い時期に身につけましょう。

仲間と学ぶ、だから伸びる
早稲田アカデミー大学受験部「対話型の集団授業」

早稲田アカデミー大学受験部の授業は、仲間とともに学ぶ「対話型の集団授業」。大学入試に向けた実戦演習期間を十分に確保するため、東大・国公立大医学部志望者対象の「TopwiN/Tクラス」はハイスピードなカリキュラムで学習を進めます。といっても、知識・解法だけをやみくもに教え込む「効率重視型」ではありません。「自分で考え、答えを導く力」を育むために、講師の発問を通して生徒の「思考の幅」を広げていきます。また、一緒に学ぶ仲間から大きな刺激を受けられるのも、集団授業のメリットです。学び合い、教え合い、ときにはライバルとして切磋琢磨できる仲間の存在が、皆さんを大きく成長させるのです。「計画性」「実行力」を育むための手厚いサポートも、早稲田アカデミー大学受験部の大きな特徴です。講師は、皆さんの学習状況や学校の成績、部活動や課外活動の取り組みなどをしっかり把握。到達度に応じた目標設定を行い、学習の進め方をアドバイスします。

着実かつ飛躍的に伸ばす
東進衛星予備校「IT授業」

東進衛星予備校の授業は、のべ百万人を超える指導経験とビッグデータの分析に基づいた、最先端の「IT授業」。学習はすべてオンライン上での個別受講なので、目標や志望校に合わせ、自分のスケジュールで学習を進めることができます。講座を担当するのは、全国から選りすぐられた実力講師陣。だから、視野が広がっていく「楽しさ」を実感するだけでなく、自ら考えるようになり、本物の思考力を養うことができます。ビッグデータとAIが融合した学習システムによって、一人ひとりに最適な志望校対策ができるのも大きな特徴です。さらに、大学入試に精通した担任・担任助手が一人ひとりに学習方法をコーチング。最適な学習スケジュールを提案するとともに、生徒のモチベーションを高め、最後まで頑張り抜ける学習環境をつくります。

大学受験に向けた学習の過程で体感する学びの「面白さ」は、志望校合格だけにとどまらない、皆さんにとっての大きな財産になるはずです。自分に合った学習スタイルを見つけ、3年後のさらなる飛躍を目指しましょう。

東大生リトのとりとめのない話

勉強は人生を豊かにする！実体験から語る勉強する意味とは

みなさんは「なんのために勉強しているんだろう」と思ったことはありませんか。ぼくは中学生や高校生のときはしょっちゅう思っていました。しかし、最近はあまりそう感じなくなってきています。今回は、勉強することの意味を見失いそうな人に向けて、ぼくの体験をお話しします。

Connecting the dots 点と点をつなげること

みなさんは“Connecting the dots”という言葉を聞いたことはありますか。「点と点をつなげる」という意味のフレーズです。２００５年のスタンフォード大学の卒業式では、スティーブ・ジョブズがこのフレーズを用いた名スピーチを残しました。

ジョブズは通っていたリード大学で、カリグラフィーという文字を美しく見せるための技術に関する授業を受けていました。このときはカリグラフィーが彼の人生でなんの役に立つのかはわかりませんでしたが、その歴史の深さや美しさに魅せられたそうです。ジョブズはその後、最初のマッキントッシュコンピューターを設計します。そのとき、かつて大学で学んだカリグラフィーのことが頭によみがえり、その知識をもとに美しいフォントを組み込んだコンピューターを誕生させたといいます。このように、勉強していた当時には役に立つかわからなかった知識が、その後、点と点がつながるように役立つことがあるのです。

ぼくの経験でもよくあります。例えば数学です。プログラミングではよく場合の数や整数について扱いますし、高校で習った微分はぼくの研究分野であるＡＩ（人工知能）にとって非常に重要です。微分は簡単にいうと傾きを求めるもので、U字の放物線のカーブを

リトのプロフィール

東大文科三類から工学部システム創成学科Cコースに進学（いわゆる理転）をする東大男子。プログラミングに加え、アニメ鑑賞と温泉が趣味。

リトが家具の組み立てに使った２種類のハンマー。頭（打ち付ける部分）の口（平面のところ）の断面積が異なっていることがわかります。

想像してもらうとわかりやすいです。Uの一番下の部分が一番値が小さいのですが、この値を知るときや、別の点からこの値の方向に行きたいときに微分で求めることができます。もちろん、中学校で習う平方完成も、同様に一番小さい点を求めることができます。

ほかにも、大学の数学で学んだ線形代数も、AIや水などの動きをコンピュータ上で再現する数値シミュレーションに役立つ重要な分野です。微分と線形代数は、いま書いている卒論のテーマに深くかかわっているため、毎日向きあっています。ここまで使うとは思っていなかったので忘れている部分も多いのですが、過去にしっかりと学んだ経験があれば思い出すだけでよいですし、応用する際も少し勉強するだけで済みます。

家具の組み立てで
圧力の知識が役立った！

数学の例だけですと、まだ勉強が役に立つ実感がわかないかもしれませんので、ほかの例も紹介します。

例えば社会。つまり日本史・世界史・地理の勉強は、国内外問わずその土地の背景知識が身につくため、会話に非常に役に立ちます。宗教や文化がわからないと、会話で思わぬ失言をしてしまう可能性もあります。もちろん、旅行に行くときにも役立ちますよね。

理科でしたら、テコの原理は普段の生活でもよく使います。重いものを持ち上げたり、ネジを回すときにも役に立ちます。最近のことでは、ハンマーを使って家具を組み立てていたとき、パーツがうまくはまりませんでした。使っているハンマーの断面積が大きすぎることに途中で気づいて、ハンマーを小さくて細いものに変えたところ、うまくいきました。もし圧力が力を断面積で割った値であることを知らなければ、途中で気づけずに諦めていたかもしれません。もちろん、大きいハンマーのままで、自分より力が強い人に頼めば解決したかもしれませんが、1人でやらなければならない場合もあると思います。そうしたときに、知識を持っているのといないのとでは、ちょっとしたことでも大きな違いを生むことがわかると思います。

いかがでしたか。勉強とは、学校の成績や受験、就職のためだけではなく、身の回りでも使えて人生を豊かにするものだということが少しでも伝われば幸いです。

また、いきなり勉強を好きになる必要はないことや、勉強が好きだからできるわけではなく、できるから好きになるということも覚えておいてください。つまり、最初は勉強ができなくて当たり前で、少し大変ですが、できるようになるまで覚えたり手を動かして復習したりすることが必要です。

これまで勉強法や起業について、様々なコラムを書かせていただきましたが、今回でリトが書くコラムは最後になります。みなさんはどのコラムがお好きでしたか？　これまでのコラムが少しでもお役に立てたのなら幸いです！　東大生コラムは次の方へ引き継ぎます。きっとおもしろいコラムを書いてくれると思うので、楽しみにしていてください！

キャンパスデイズ

十人十色

早稲田大学

法学部１年生

井上《いのうえ》 勝翔《かつと》さん

Q 早稲田大学法学部を志望した理由を教えてください。

もともと、高校ではクイズ研究部に所属しており、そこで様々なジャンルを勉強していたため、文系、理系にとらわれず、色々な面で知的好奇心が高まっていました。

また、高校では毎週土曜日に卒業生が自身の研究について講義をしてくれる機会があり、そこでも幅広い分野の話を聞くことができました。

そういったこれまでの経験から、大学では色々なことを学びたいと考えていました。なかでも人間が生活を営む社会の構造について勉強したいという思いが強く、そういったことを学べる文系へ進学しようと決めました。

そして、文系へ進むと決断したあとは、政治家や弁護士、裁判官、官僚などで、国や社会に貢献できる仕事に就くことも視野に入れはじめ、将来は日本を飛び出し、世界に出ることもあるかもしれない、と考えるようになりました。その際、日本の首都である東京の大学に進んだ方が、いずれ役に立つことが多いかもしれないと思い、早稲田大学を志望することに。

早稲田大学は「私学の雄」といわれており、個性豊かな人たちがそろっているのが私に合っていると感じたことが、志望の決め手です。

Q 法学部ではどんなことを学べますか。

法律系の科目はもちろん、語学系の講義にも力を入れていると感じます。英語、フランス語、ドイツ語、スペイン語、ロシア語のなかから2つを選択し、1年次には合わせて週に5コマの講義があります。卒業後に国際機関に勤めたいと考えている人もいるので、そういったところにも活かされます。私が選択しているの

興味のあることを思いきり学べて 将来の道も幅広く選択できる

は、英語とフランス語です。

他学部の講義も選択でき、教育学部の「教育制度」の講義では教育政策論争について学んでいます。そういった問題は教育学や法律学、心理学など様々な学問が重なりあっています。問題を解決するためには、多角的に物事をとらえることが重要だと感じることができる内容です。

いまはまだ将来やりたいことがはっきりしていない段階なので、興味のあることを、とことん学ぼうという姿勢です。早稲田大学は学ぼうという姿勢があれば、たくさんのことを勉強できる環境が整っています。

様々な方面で卒業生が活躍中

Q 印象に残っている講義はありますか。

法学の入門の「導入講義」が印象に残っています。その講義は最初の数十分は新聞の読み方を学ぶ、ということが特徴です。じつは高校時代も同じような授業を受けていて、より発展的な内容を学べて嬉しいです。

いまはインターネットでもニュースを読むことができますが、そこでは批判的な意見がある人がコメントを書くことが多いです。そういった情報を見ていると、なにが本当のことなのかがわからなくなることもあると思います。

1つの新聞から物事の本質を理解し、さらに同じテーマを扱っている記事でも複数の新聞を読んでいけば、断片的な情報ではなく、広い視野で記事の内容を把握することができます。新聞を読むことで、1つの記事に対する自分なりの考えをまとめることができるいい機会になりました。

Q 将来の夢について教えてください。

法学部に限らず、早稲田大学を卒業後は様々な方面で活躍している人が多いです。会社の社長や番組プロデューサー、小説家など、すごい人だな、おもしろい人だなと感じた人で、早稲田大学出身の人が多くいることを知りました。

私自身も法学部での学びを活かして弁護士や官僚をめざすという道もありますが、現在、お笑いサークルに所属していることもあり、そういう道に進むことや、放送作家をめざすということも考えています。

Q 読者にメッセージをお願いします。

私のように、将来の目標が定まっていない人でもあまり焦らないでください。大学は職業訓練校ではなく、興味のあることを突き詰めることができる場所です。自分の興味のおもむくままに進んだ方が人生の充実感、精神的な豊かさが得られることもあるかもしれません。

TOPICS

疑問を後回しにしない 口に出して覚える勉強法も

疑問に感じたことを放置するのではなく、なぜだろうと思ったときの熱量をそのままに、授業直後に先生に質問していました。ただ、1つの疑問に対し、大学に入ってから学ぶレベルまで追究してしまっていたのは、時間がかかってしまったなと感じています。受験で合格するために、科目ごとのバランスを考えることも大事だと思います。

やってよかったと思う勉強方法は、自分で自分に授業をすることです。先生から教わったときと同じように説明できるかを確認していました。私は耳で聞いて、口に出して覚えることが合っていましたが、書くことで記憶に残る人もいると思うので、自分に合った学習方法を探してみてください。

早稲田祭にて、寄席演芸研究会が企画する「7時間ぶっ通しライブ」で漫才を披露しました。

高3では全日本クイズリーグ（AQL）のジュニアの部全国大会に出場。チームリーダーを務めて団体優勝できたのは嬉しかったといいます。

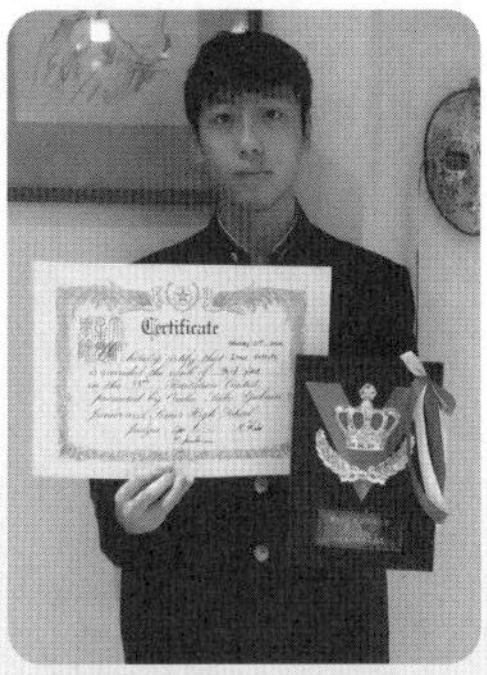

高2のときに行われた校内の英語暗唱大会で3位になりました。

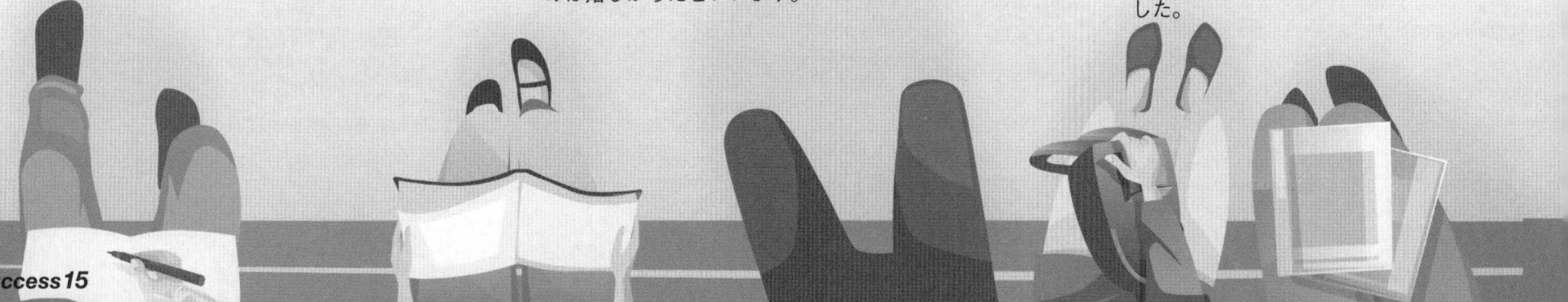

ちょっと得する

読むサプリメント

ここからは、勉強に疲れた脳に、ちょっとひと休みしてもらうサプリメントのページです。
ですから、勉強の合間にリラックスして読んでほしい。
このページの内容が頭の片隅に残っていれば、もしかすると時事問題や、
数学・理科の考え方のヒントになるかもしれません。

Success Book Review

美しくて、楽しくて、深い「数学の世界」へようこそ！

今月の1冊

『文系でも思わずハマる 数学沼』

著者／鶴崎修功
刊行／マガジンハウス
価格／1650円（税込）

著者はテレビのクイズ番組で初代「東大王」に輝くなど活躍しているので、本の帯にある顔写真を見れば、「ああ、あの人が書いたのか」、と思いあたる人は多いだろう。

200ページを超える大冊だが、「数学おもしろ話」が満載だ。しかもどこから読んでも、極端にいえば巻末から読んでも「おもしろい」。

「数学？ 嫌い」「苦手だ」「日常生活には不要」なんて言っている人を減らしたい、という著者の熱い思いが詰まった読み切り短編的な編集ともなっている。つまり、じつに読みやすい。

初めのページを開くと、大きな文字で書かれた「本書では"面白くって役に立つ"『数学の世界』へみなさんを招待します」という著者の宣言が目に飛び込んでくる。

続けて自己紹介。「私は3歳の頃から、数学や数字の『美しさ』『楽しさ』『深さ』に魅了されてきて、まさに『数学沼』にどっぷりハマってきました」「こんなに魅力的な『数学の世界』を多くの人に知ってもらいたい！」と記し、読者を、知らずその沼に誘《いざな》っていく。

この書には方程式や記号はあまり登場しない。それよりも身近なできごとや、あるある話がページを占める。そこに数学の魅力や、生活に役立つ意味がかぶさってくる。

わかりやすさでも、類書からは抜きん出ているので中学生でも十分理解できる。

著者は「読み終えた頃には、きっと『世界の見え方』がちょっと変わっているはずです」と書いているが、実際に読了してみて、その狙いは的を射ていると感じた。筆者は数学に熱心な中高時代を送り損ねたが、いま、著者がいう「沼」に片足の膝まで浸かりながら感じていることがある。

それは世の数学の先生へのアドバイス。

毎週の授業の枕に本書が示しているようなおもしろ話の一編ずつを話したとして5分とかかるまいが、生徒の目の輝きが違ってくるはずだ。

5分ずつでも1年では語りつくせないほどの数学おもしろ話が、この本には詰まっている。

マナビー先生の

最先端科学ナビ

FILE No.037

遠隔自動運転建設機械

3Kといわれた作業環境を一変させた建設機械の進歩

　建築現場や土木工事の作業に使う機械や車両は、建機（建設機械）や重機と呼ばれている。土砂や鉄骨など人の力だけでは持ち上げることも移動することもできない重たい物体を移動し組み立て、建物などを形にするためにはなくてはならない機材だね。

　これらの作業環境はこれまで、よく「3K」などと呼ばれて若者から避けられていた。3Kとは「きつい、汚い、危険」の頭文字「K」からきている。ちょっとひどいよね。

　じつはいま、それが変わりつつある。新しい機能を持った建機が開発されてきたからだ。

　その先端技術のキーワード2つが「遠隔操作」と「自動運転」。

　これらの技術が、作業に従事する人たちを働きやすくすることで、人材不足を解消することにも役立っているんだ。

　この技術では、1人の運転士が1つの車両や機械を動かすのではなく、多数の機械、車両を一括で操作、管理することができる。

　ここで使われる建機は公道を走るわけではないので、道路をはみ出してしまうような巨大なダンプカーが工事現場をゆっくりと移動して活躍している。よく見ると無人の自動運転だ。

　このような巨大な建機はバラバラの状態で運び込まれ、工事現場で組み立てられるんだ。

　例えば鉱山のような現場は山のなかにあり、そこに行くだけでも時間がかかるけれど、一度運び込まれ、組み立てられた大きなトラックやパワーショベル、ローラー車などは、工事が終わるまで、その現場で働き続ける。

　運転士は、その現場まで毎日通ったり、泊まり込んだりする必要はなく、遠く離れた、安全できれいなコックピットにいて、リモートで遠隔管理するんだ。

　これらの建機にはコンピューターが組み込まれていて、一度動かした移動コースは記憶され、次の動きも認識しているし、元に戻って繰り返す動きも記憶している。

　運転士は遠く離れたコックピットから、建機を運転するという概念ではなく、登録された動きからはずれないように管理し、見守っているわけなんだね。

　運転士が交代すれば、運転士個々の勤務時間は守られながら建機の作業時間は倍になる。そうすると場所や時間を問わずに働けるため、運転士は多様な人材に広がりをみせ人手不足の解消にもつながるね。

　また、これらの建機は大きいのでスピードはゆっくりだけれど、疲れ

マナビー先生

大学を卒業後、海外で研究者として働いていたが、和食が恋しくなり帰国。しかし科学に関する本を読んでいると食事をすることすら忘れてしまうという、自他ともに認める“科学オタク”。

ることなく、必要な動作を繰り返す。巨大ロボットともいえるね。

いまは、燃料の補給や建機のメンテナンスのために、工事現場にも最低限の作業員が必要だけれど、電動化が進めば補給（充電）系統の作業は自動化される予定だという。

建設会社と車両製造会社が一丸となってシステムを開発

遠隔で自動運転できる様々な建機が登場し、作業現場でのシステムができあがってきた背景には、建設会社と建設機械を作る製造会社との、「3K現場をなんとかしたい」という情熱と協力体制が見逃せない。

例えば大成建設では、2013年からダンプカーの自動化に取り組み、2022年にはコマツ製のリジッドダンプ（前輪で舵を取る機構のダンプカー）を使って、土砂の運搬などすべての運搬作業を自動化するシステムを発表した。そのコマツはチリの鉱山で無人ダンプカーの運行システムを開始し、2017年末までに3カ国6鉱山などですでに稼働させている。ここで活躍しているダンプカーは2階建ての建物に相当する超巨大ダンプカーだ【写真】。

鹿島建設では建機の自動化を目的にした次世代建設生産システムの開発に着手、2021年にはこれらを使用するすべての現場を東京の本社と結び、一括集中管制できるシステムを発表している。実証実験として秋田県の成瀬ダム堤体打設工事、奈良県の赤谷3号砂防《さぼう》堰堤《えんてい》工事、神奈川県の西湘《せいしょう》実験フィールドの各現場で稼働している建設機械を、遠く離れた本社の集中管制室で一括管制し、自動運転、遠隔操作で各現場を同時に作業させることに成功している。

安藤ハザマではダムや造成工事で使用する土や砂、アスファルト舗装を安定化させるための振動ローラー車の自動運転システムを開発した。このシステムでは衛星測位システムなどのセンサーを装備して、車体の位置や方向を管理して自動運転を行っている。同社によると「熟練オペレーターと同等の高い運転精度」というからすごい。

万が一、事故が起きても人的な被害が出ないという安全面でのメリットも見逃すことはできないね。

世界の鉱山で活躍するコマツの超巨大ダンプカー「930E」の高さは、2階建ての建物より高い7.3m。重量は普通のダンプカー20台分もあります（提供・コマツの杜）

現在の値と次の値	選択	結果
<	0（不定）	×
	1（High）	○
	-1（Low）	×
=	0	×
	1	○
	-1	○
>	0	×
	1	×
	-1	○

【図16】判定条件

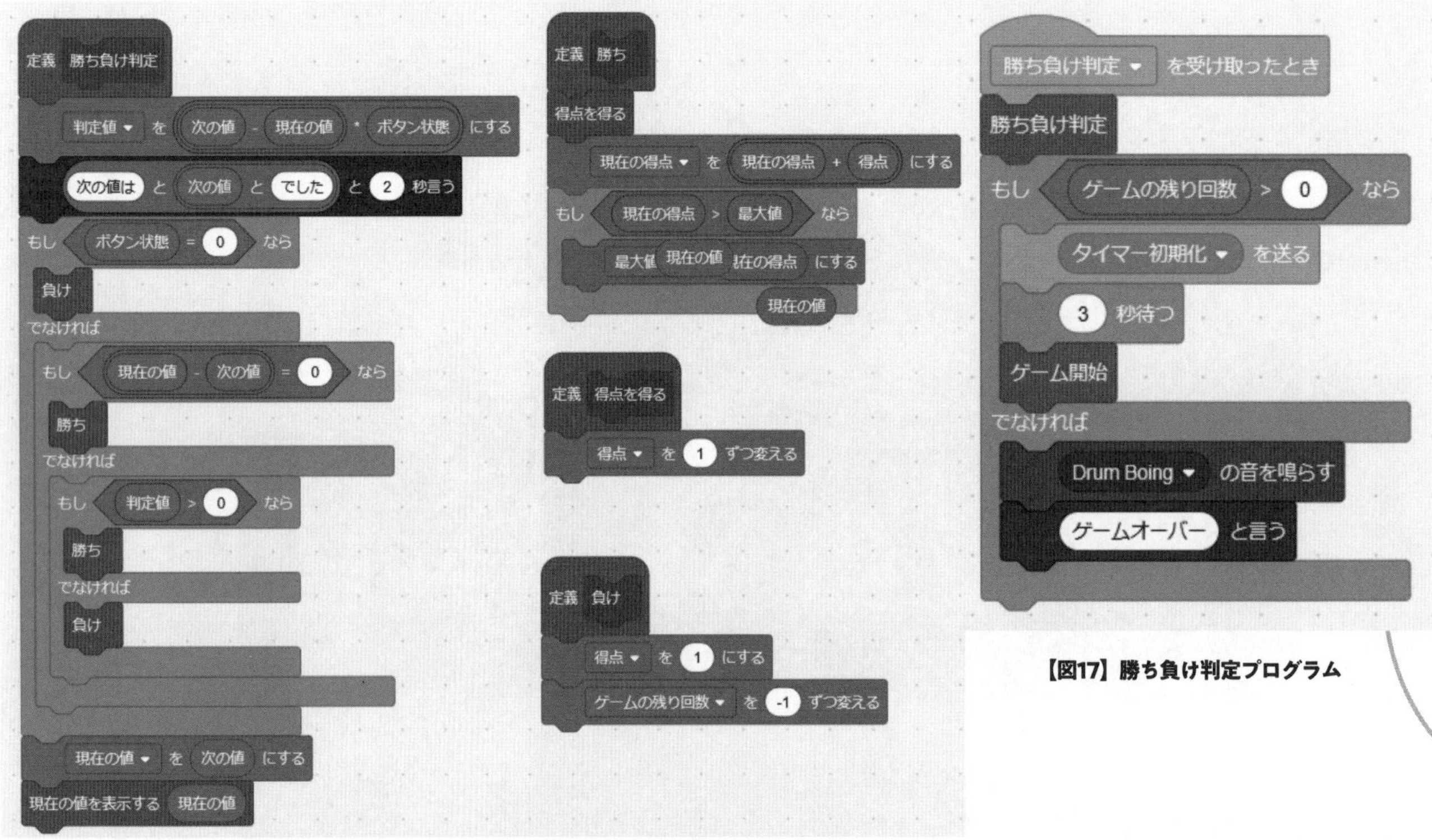

【図17】勝ち負け判定プログラム

じがしていいですね。

らくらく先生：では、続けて、ランダムに数値を決める部分を作っていこう。

ログ：これは難しくないです。「1～9の乱数にする」を使うんですよね。

　緑の旗が押されたときは、初期値としてこの値を表示すればいいですよね。

らくらく先生：そうだね。その部分を作ろう**【図15】**。緑の旗が押されたときの設定に追加しよう。

ラム：だんだん完成に近づいてきましたね。

らくらく先生：勝ち負けを判定する部分の表とプログラムを参考のために書いておくから見てみてね**【図16・17】**。

ログ：ありがとうございます。

ラム：あとで色々と試してみます。

（つづく）

完成版URL

https://scratch.mit.edu/projects/929140079/

このページは77ページから読んでください。

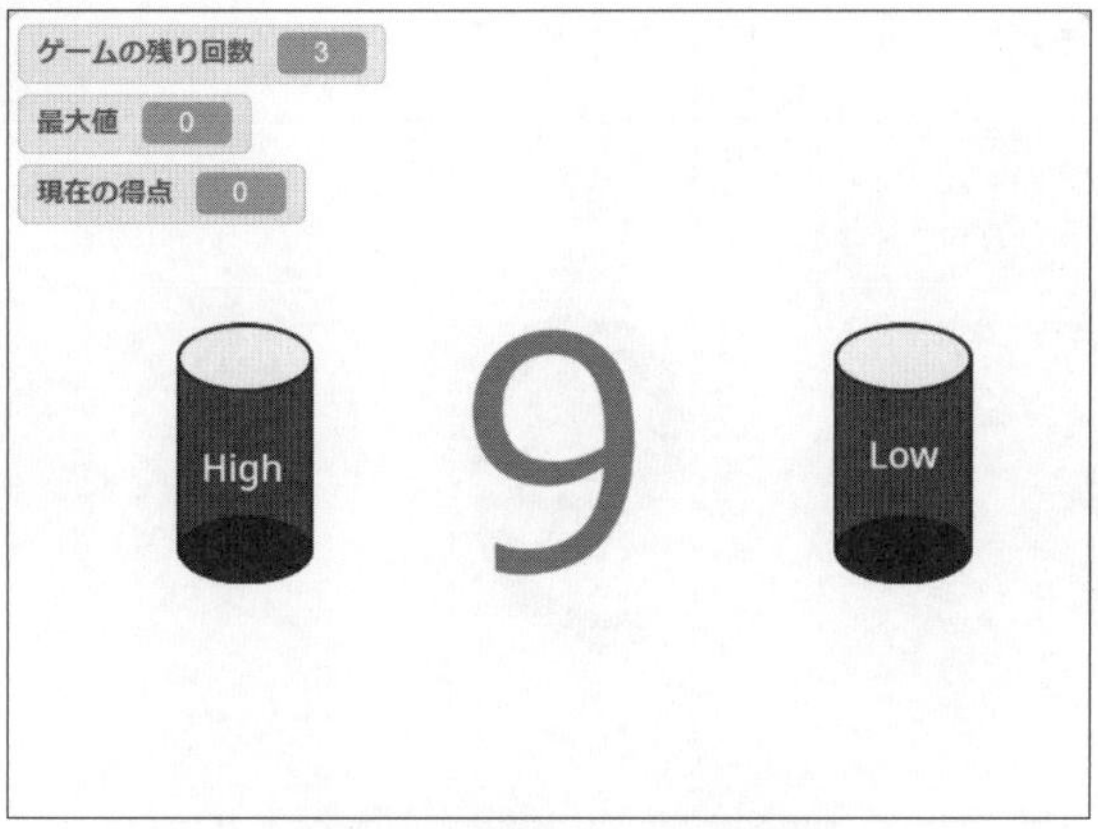

【図10】緑の旗を押した時の画面

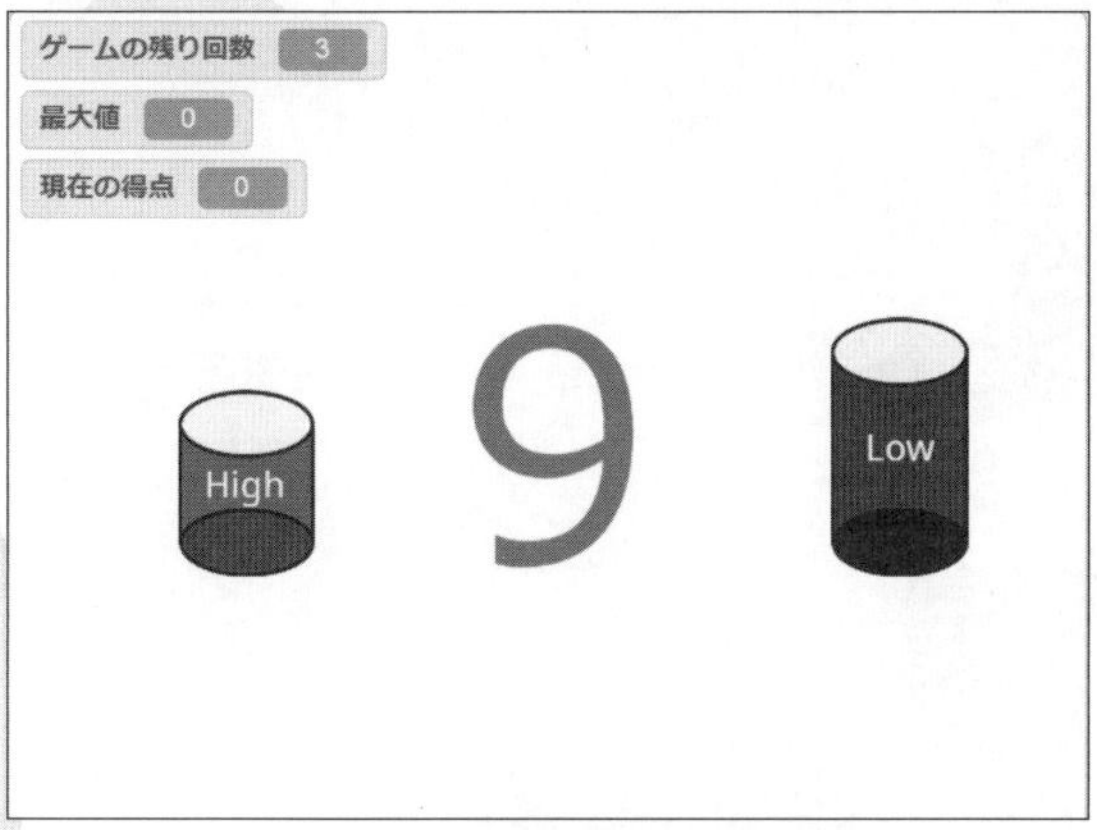

【図11】Highボタンを押した時の画面

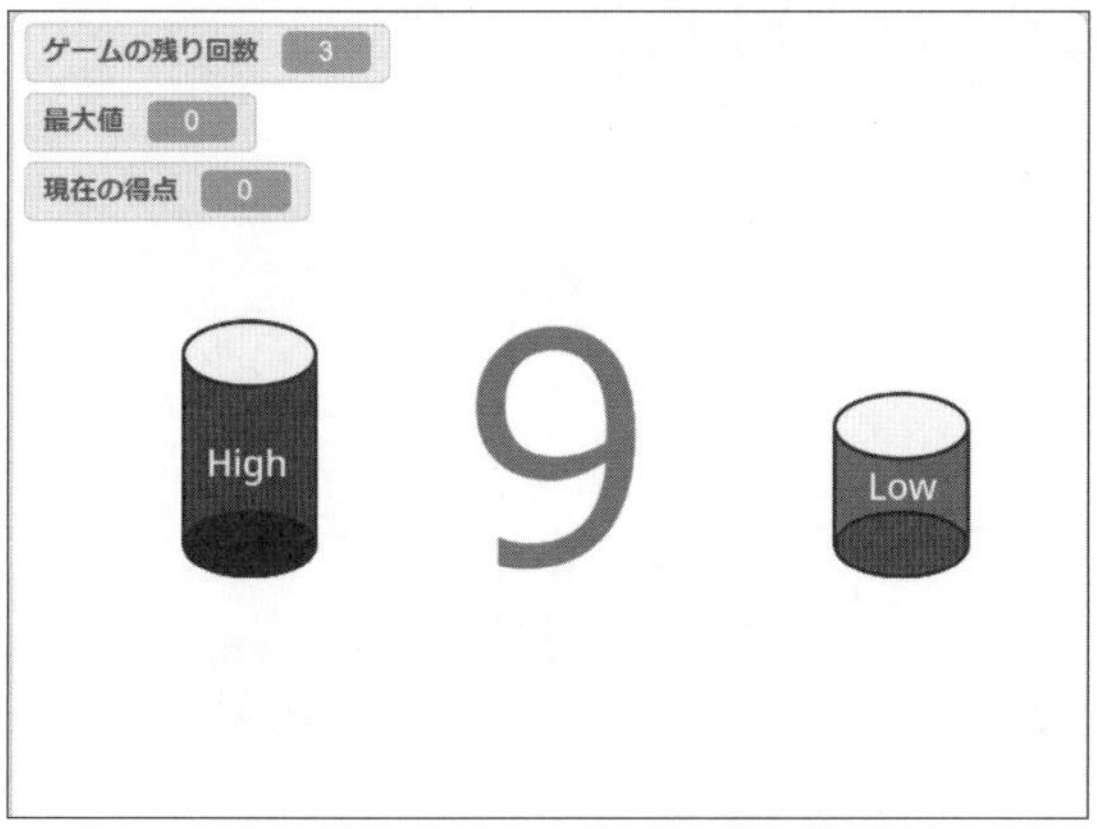

【図12】Lowボタンを押した時の画面

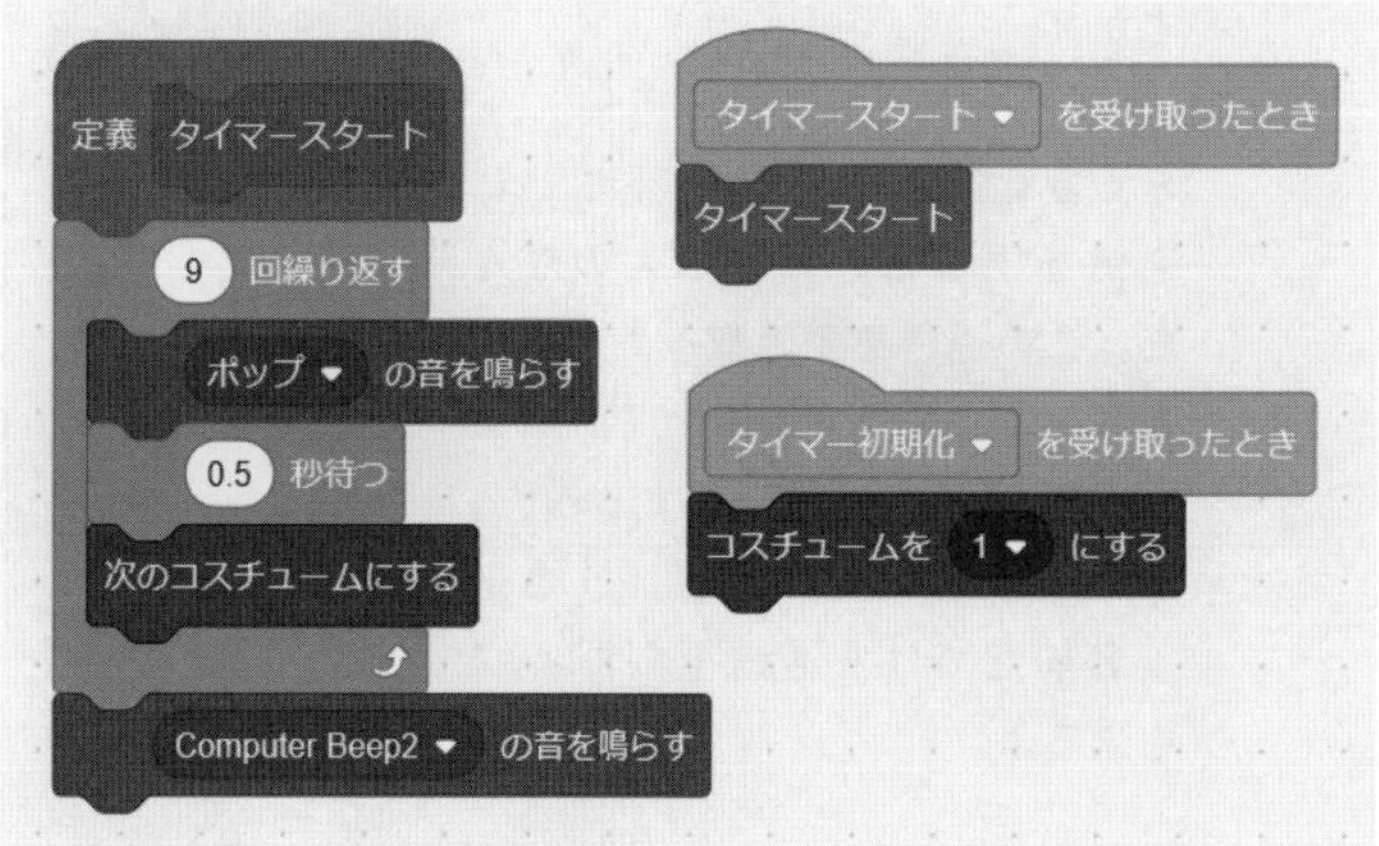

【図13】タイマーのプログラム

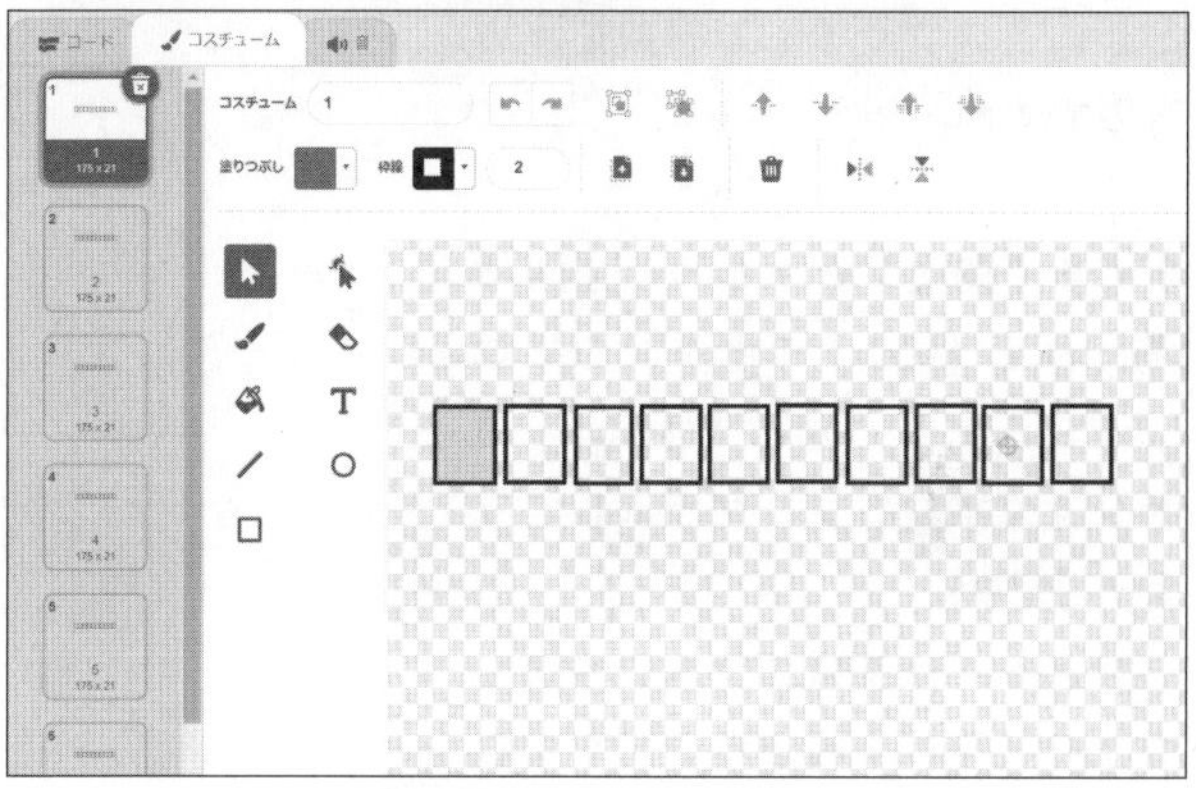

【図14】タイマーのスプライト

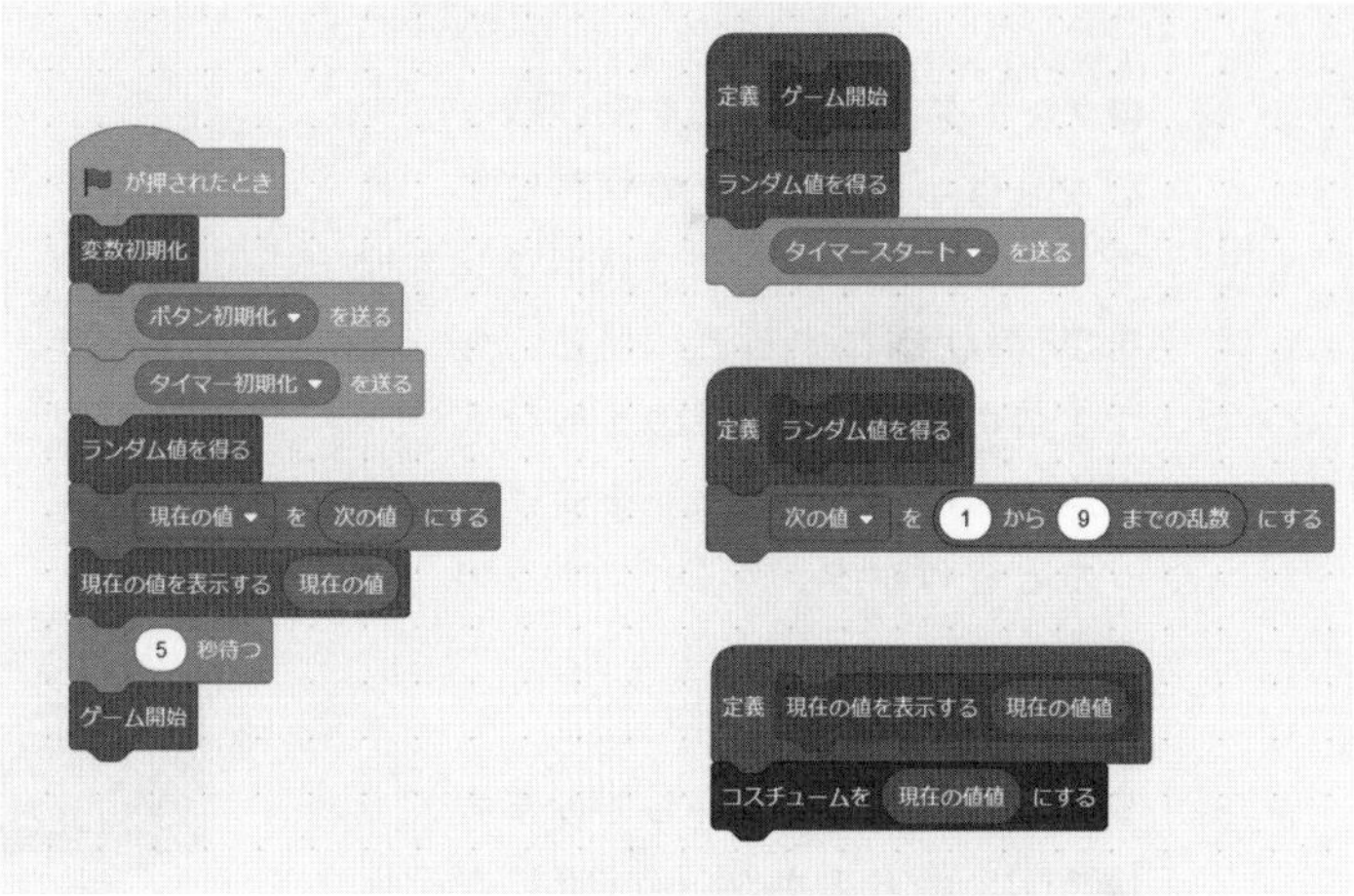

【図15】次の値を得て、表示するプログラム

らくらく先生：少しずつやっていくとわかりやすいし、間違いも見つけやすい。次はタイマーのスプライトを作ろう。数値が表示されて5秒以内に「High」か「Low」かを決定するためのものだよ。タイマースプライトのなかで、10種類のパターンを作ってそれを0.5秒ごとに変更すると、タイマーが進んでいるように見えるよ。音は好きな音にするといいよ**【図13】**。

ログ：緑の旗を押すとタイマーがスタートしてなんか楽しいですね**【図14】**。これで動きの部分のプログラムが終了ですね。あとはタイムアップしたときに「勝ち」、「負け」の判断をする部分とランダムで値を作る部分ですね。

らくらく先生：画面ができると楽しくならないかい？

ラム：プログラムが進んでいる感

すか？

らくらく先生：スプライトごとに通信をするときに送るものなんだ。この通信を受け取ったときにどのようにするかをそれぞれのスプライトにプログラムするんだ。ここでは「ボタンの初期化」という名前をつけた通信（イベント）を送るよ。

ラム：そのイベントを受け取ったときに各スプライトで挙動を決めるのですね。

らくらく先生：そうだね。今回は「High」と「Low」のボタンの挙動はほとんど同じなので「High」のボタンの挙動をプログラムしてみよう**【図9】**。

　できるだけプログラムに名前をつけて定義し、わかりやすくするのが大事だね。

ログ：ボタンの初期化を受け取ったときはボタンをOffの状態にする。ボタンを押したときはボタンをOnの状態にすると同時に、もう１つのボタンへOffのイベントを送る。Offのイベントを受け取ったときはボタンをOffにするのですね。

ラム：では緑の旗を押してみます**【図10】**。両方のボタンがOffになりますね。ボタンを押すとちゃんとOnの状態になります。別のボタンを押すとOnだったボタンが元のOffの状態になります**【図11・12】**。おもしろいですね。

少しずつ確認しながら進めていこう

ログ：毎回言われている、少しずつ確認ですね。

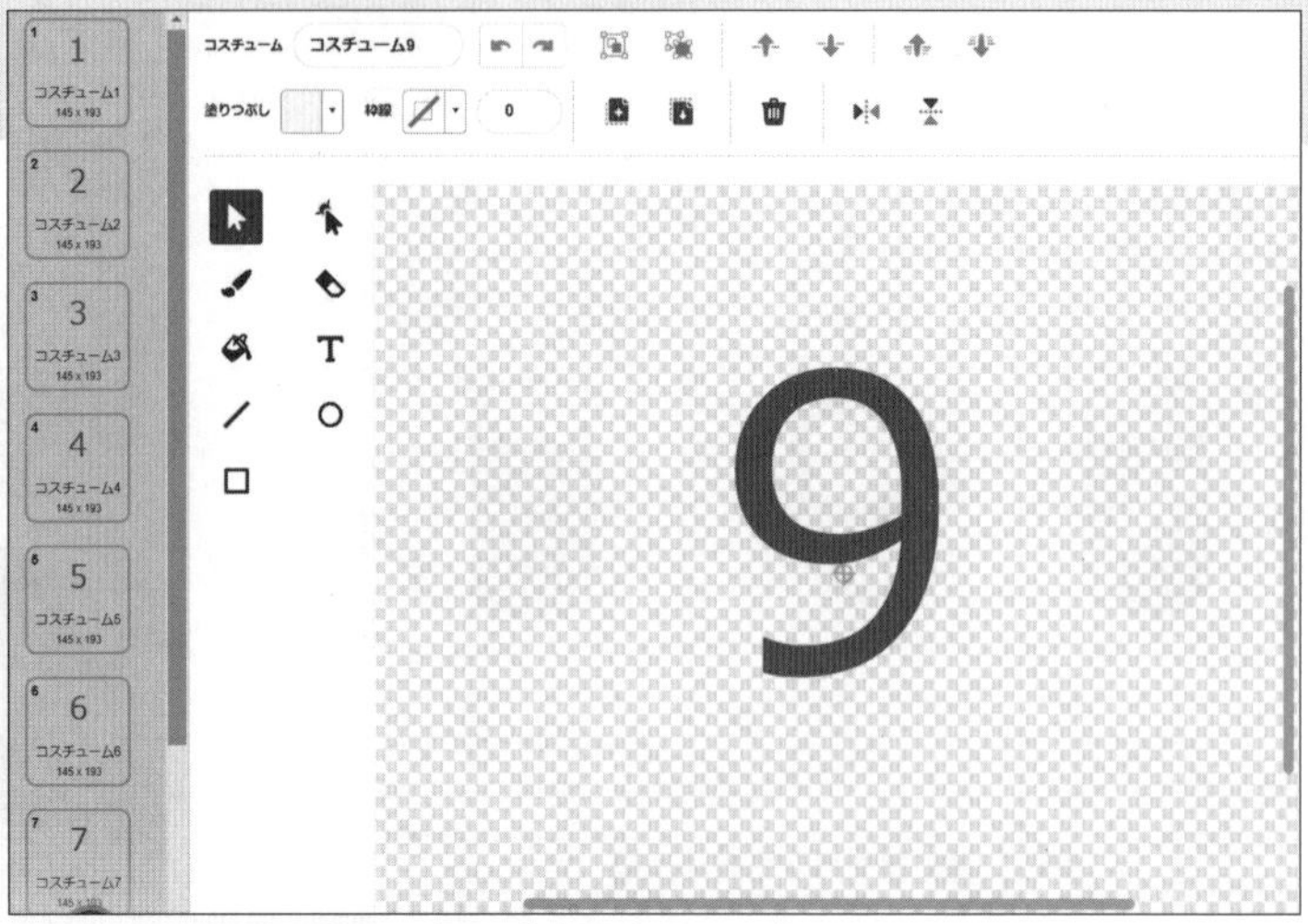

【図7】数値を示すスプライト

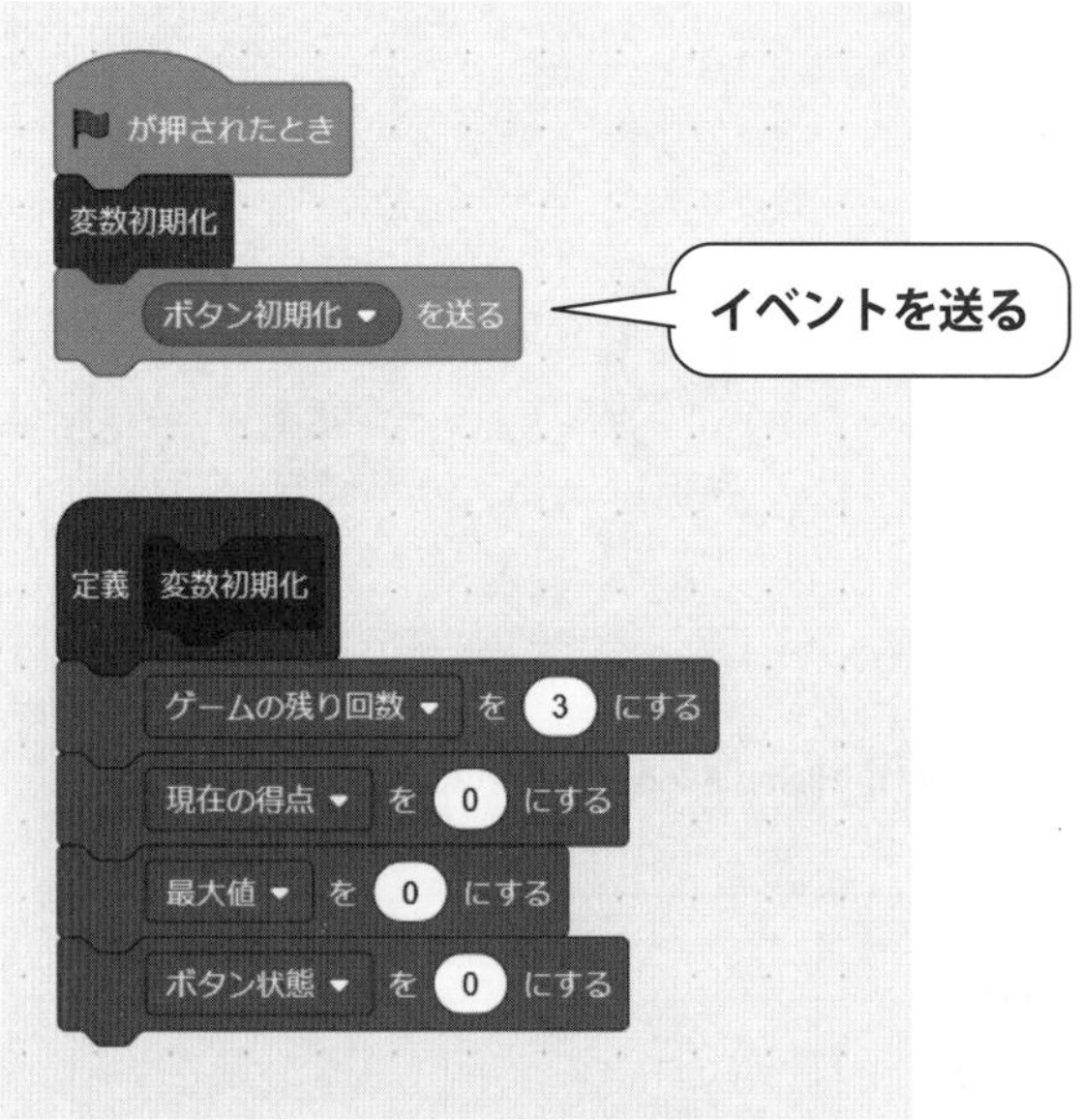

【図8】緑の旗を押したときの処理

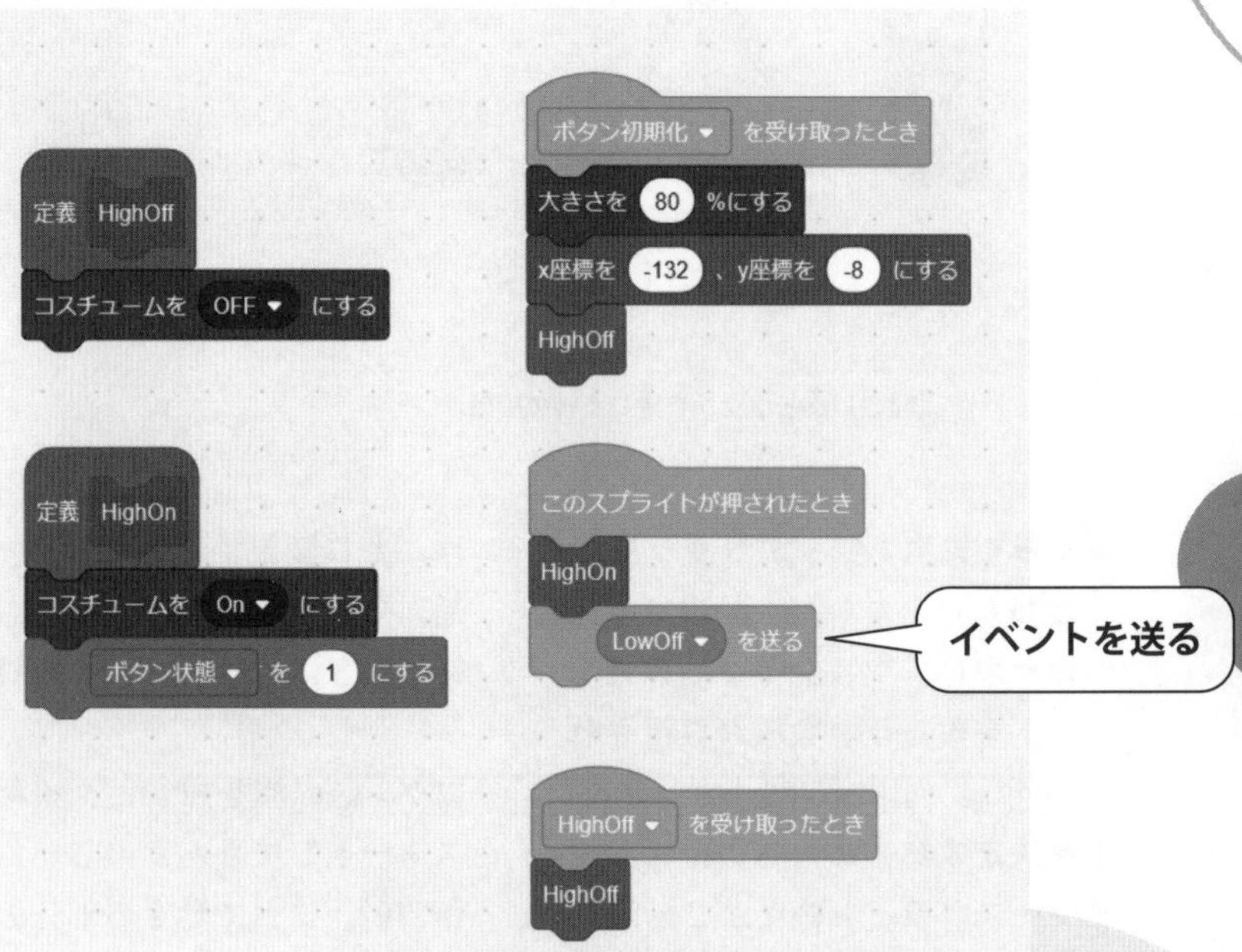

【図9】Highボタンの処理

73 ページ本文につづく ➡

このページは77ページから読んでください。

プログラムも必要そうですね。

次は変数について考えよう

らくらく先生：そうだね。では変数としてはどんなものが必要かな？

ログ：まずはいま表示されている数値を記憶する変数が必要ですね。「現在値」なんて名前はどうですか？

ラム：現在値に対して「次の値」も必要ね。負けたときにゲームを続けることができるかどうかを決める「残りのゲーム回数」も必要ですね。現在の得点を記憶する「現在の得点」や何度かゲームを続けたとき用の「最高得点」も必要だと思います。連続回数も必要ですね。

らくらく先生：緑の旗ボタンを押したときに設定する値はどうだろうか？ **【図4】**に各変数と初期値を示すよ。まだ変数は増えるかもしれないので、表は少し多く書いておこう。

変数の名前	初期値
ゲームの残り回数	3
最大値	0
現在の得点	0
連続回数	0
選択した結果	0 0 ：未選択　1 ：High　-1:Low

【図4】変数と初期値

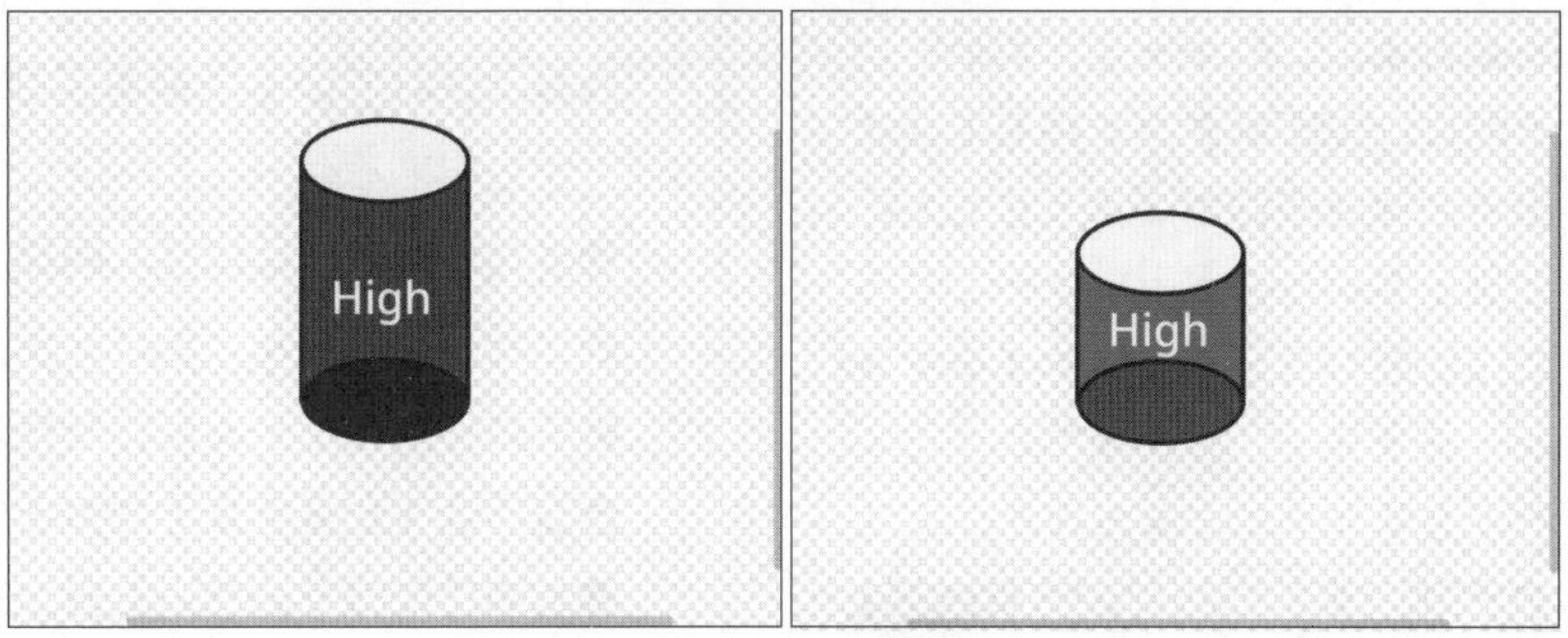

【図5】Highボタンコスチューム

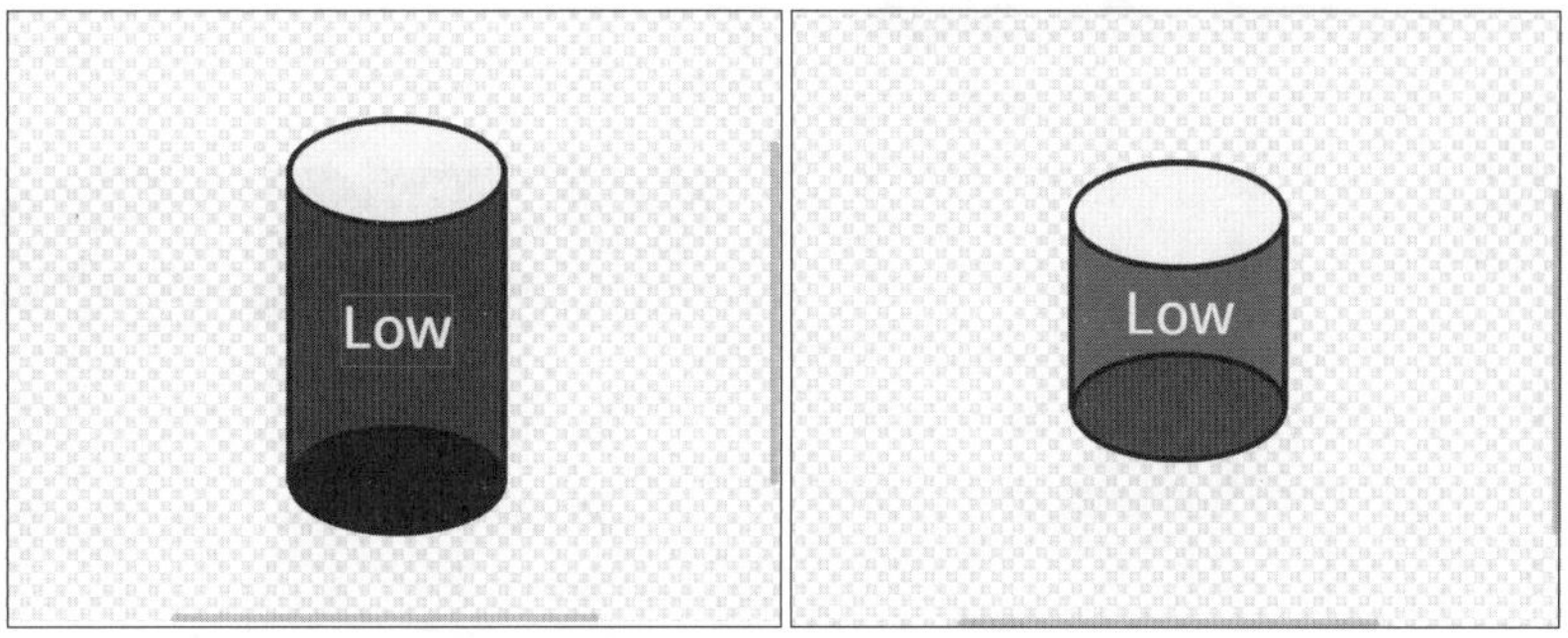

【図6】Lowボタンコスチューム

考えたアイデアをプログラムしていこう

ログ：さっそく作ってみましょうよ。

ラム：なんか楽しそう。

らくらく先生：では、できるものからやってみよう。

ログ：まずは、いま決まっている変数を定義しておきます。現在の値は真ん中に表示するので、非表示。次の数も非表示ですよね。

ラム：次の数値がわかってしまうと必ず勝ってしまうものね。

らくらく先生：プログラムを書いていく途中でデバッグをする場合などには、次の数値を表示した方がいい場合も出てくると思うけれど、当面は非表示にしておこう。アイデアスケッチでは矢印にしておいたボタンを、円筒の形で作ってみよう**【図5・6】**。

「High」のボタンを作れば、その複製を作って文字部分だけ「Low」に修正すればいいと思うよ。

ラム：押したとき（On）と押さないとき（Off）の2通りを作るんですね。

らくらく先生：現在の値を数値として示すスプライトも作っておこう**【図7】**。これは単に数値だけでいいと思うよ。

ここまでできたから、ボタンの挙動部分だけをプログラムしておこう。数値の部分に緑の旗を押したときの処理を書いておくよ**【図8】**。

ログ：「イベントを送る」とコメントがあるのですが、これはなんですね。これらは変数を定義する必要があるのですね。

ラム：右ページの矢印はボタンを押した感じを示すアニメーションのようなものですね。ゲーム画面の真ん中の数字の下に並んでいる四角はなんですか？

らくらく先生：この四角は、0.5秒ごとに左から右に進んでいくマークだよ。このマークが動いている間に、矢印ボタンを押して次に出る数値を予測するようにしたいと思っているんだ。いまのところこんな感じだけれど、アイデアスケッチを見て、どんなプログラム群が必要か予想できるかな。

「勝ち」「負け」の判断はどうする？

ログ：矢印ボタンを押したときに動くアニメーションを考えないといけないですね。

らくらく先生：いいね。ほかにはどんなプログラムが必要そうかな？

ラム：時間の経過を示す部分も必要ですね。5秒経過したときに、矢印ボタンがどのようになっているかを調べて、「勝ち」「負け」の判断をする必要があります。

ログ：次の値を選ぶ処理も必要ですよね。勝ち負けの判断では同じ数値が続いたときにはどうするのですか？

らくらく先生：いいところに気がついたね。これはプログラムを作りながら発見してもらおうと思っていたところだけれど、どう判断すればいいと思う？

ラム：前の数値より、「High」でも「Low」でもないですよね。ということは、やはり負けにすべきではないでしょうか。

ログ：それってなんだかずるくない？

らくらく先生：最終的にどちらにするかは君たちで決めるといいと思うよ。ほかにはどんなプログラムが必要かな？

ラム：勝ちが続くと得点が増えるのですよね。得点を決めるための

ゲームの概要

- 表示されている数値を基準に次に出る数値が大きいか小さいかを当てるゲーム
- 当たったときは加点。連続して当たると加点を大きくする
- 当たらなかったときは、ゲーム回数を減らす
- 決められたゲーム回数を使い切ったらゲームオーバー
- 数値は１から９までの値とする
- 画面には残りのゲーム数、現在の得点、最大得点を表示する

【図１】ゲーム概要

今回のゲームで含まないこと

- 対戦型のゲームでない（個人対象）
- 記録は残さない（ゲームを終了したら最高点は消える）

【図２】ゲームに含まないこと

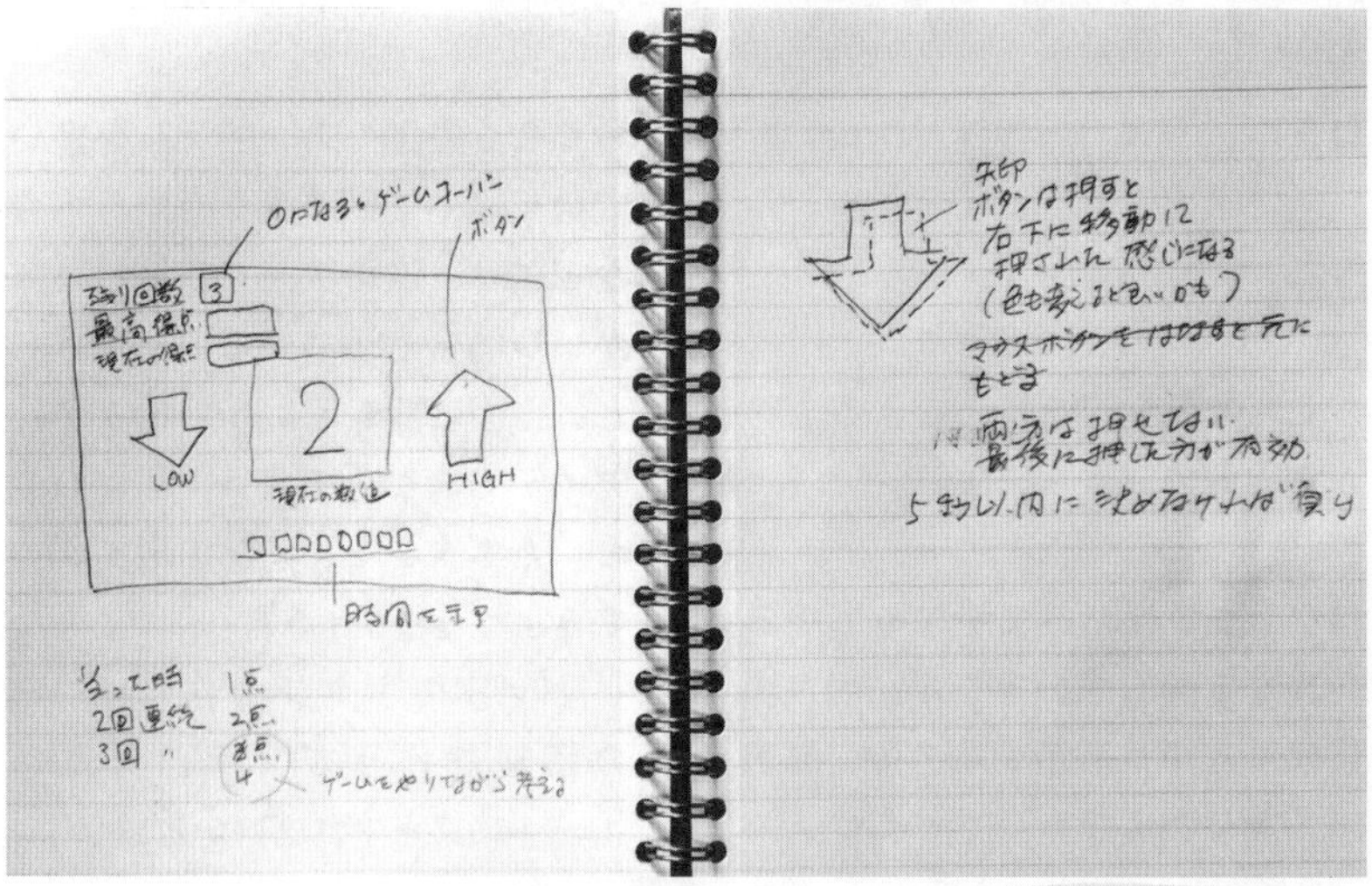

【図３】ゲームアイデアスケッチ

75 ページ本文につづく➡

for 中学生
らくらくプログラミング

プログラミングトレーナー　あらき はじめ

第15回

プログラム作りは楽しいって、思えてきましたか。誌面のラムさん、ログくんも、その楽しさがわかってきたそうです。ラムさん、ログくんの疑問に、らくらく先生が答えながら、解説していきますので、みなさんも2人といっしょに楽しみましょう。

解説部分は下のQRコードからWebページに入れば、誌面とリンクした内容で、さらに学びを深めることができます。

URL : https://x.gd/LDTkz

あらき はじめ　昨春まで大学でプログラミングを教えていた先生。「今度は子どもたちにプログラムの楽しさを伝えたい」と、まだまだ元気にこの講座を開設。

画像：PIXTA

ハイアンドローゲームを作ってみよう！

らくらく先生： さあ今回も楽しくプログラムを作っていこう。

ラム： 今回はどんなゲームを作るのですか？

らくらく先生： 今回トライするのは、「ハイアンドローゲーム」だ。このゲームは知っているかな？

ログ： 画面に出ている数値を基準にして、次に出る数値がそれよりも大きいか小さいかを推測するゲームですよね。

らくらく先生： そうだね。よく教科書などにも出ているのでやったことがある人も多いと思う。ゲームの概要と、今回のプログラムでは作らない部分を示しておくので、まずは**【図1】**と**【図2】**を見てほしい。

ラム： ゲームの概要はよくわかったのですが、**【図2】**の今回のゲームで含まないことに「対戦型でない」とありますが、これはどういう意味なのでしょうか？

らくらく先生： 今回作るのはコンピューターと対戦するゲームなんだ。何人かで数値を出しあって、それを当てるゲームもできるけれど、そのタイプのプログラムではないんだ。それと対戦結果を記憶しておいて、次にゲームをするときまで最高点などを残すこともできるけど、その部分は今回のプログラムでは行わないよ。

どんなプログラムが必要か考えてみよう

ログ： 今回なにか新しい部分はありますか？

らくらく先生： ゲームのアイデアスケッチ**【図3】**にあるゲーム画面を見てほしい。このゲームに重要な「High」と「Low」を指定するのには、とりあえず矢印のボタンを使うことにする。

ログ： ゲーム画面の左上にあるのがゲームの進行を示している値で

Why? What!

なぜなに科学実験室

身の回りで起こる現象に､「あれっ､不思議！」「なんでこうなった？」と首を傾げたことってないかな。そんなとき「コレ、当たり前」と見過ごしてしまうのではなくて、その場で検索したり、おうちに帰って調べたりすることは、とっても大切です。身の回りに落ちている科学の種を拾い上げることが、じつは科学者の第１歩を踏み出すことにつながっています。

この科学実験室は、みなさんの生活のなかで出会う不思議に焦点をあてて、「へぇ～」を体験していただくために開設されました。

今回は「回り続けるコマ」を作ってみることに挑戦します。まずは、おうちで不要になった古いCDやDVDを探してみましょう。

回り続けるコマを作ろう

みなさん、こんにちワン！「なぜなに科学実験室」の案内役で、みなさんに不思議な現象をご紹介するワンコ先生です。

今回は古いCDやDVDを３枚使って作る「回り続けるコマ」の実験をご紹介。みんなで作って、だれが最も長く回り続けるコマを作れたか、競争してみよう。ワンコ先生のコマは、10分以上回っていたよ。さあ、君はどれくらい回していられるかな。コマが長く回る原理とコツも勉強しよう。

ワンコ先生

1 用意するもの

❶CDやDVD３枚　❷両面テープ　❸ハサミ　❹割りばし　❺セロハンテープ　❻キャップ（ペットボトルのフタなど。透明なものがよく、ここではスティックのりのフタを使用）　❼画びょう２個（金属製がよい）❽缶ジュースや缶コーヒー（中身があるもの）

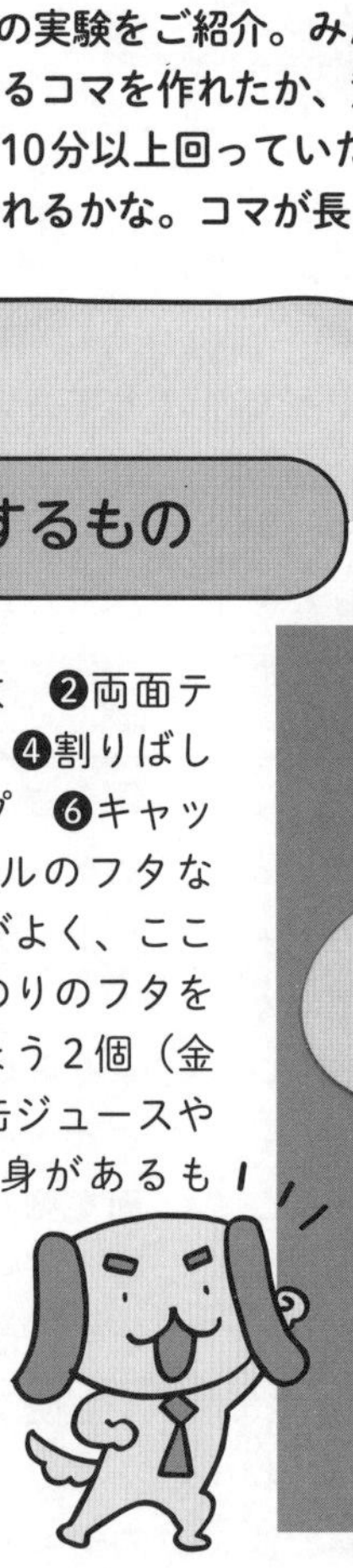

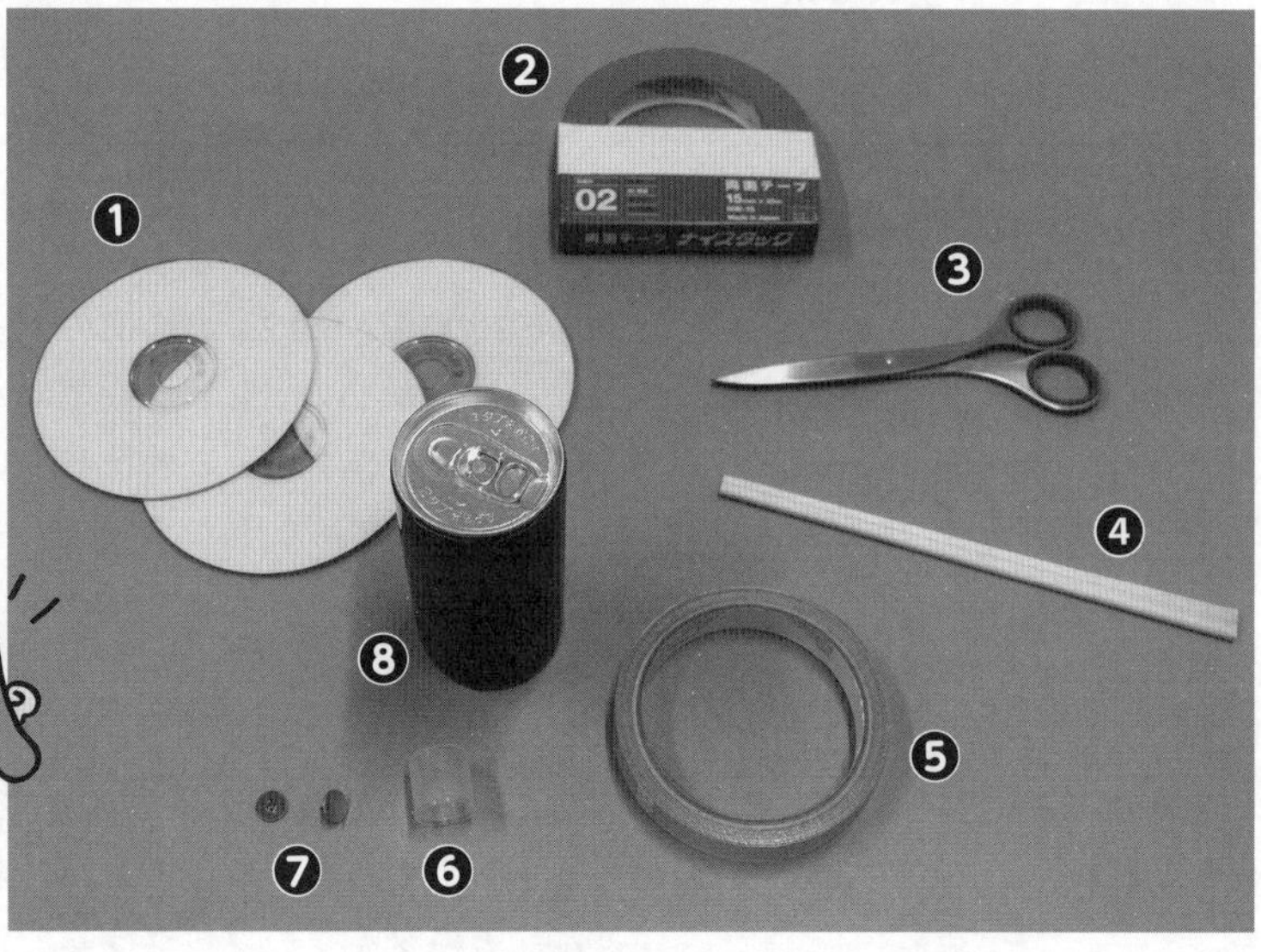

2 両面テープでCD3枚を接着する

古くなったCDの内側を四角く囲むようにして両面テープを貼りつけます。そして2枚目のCDを取り出し、面がずれないように注意しながらぴったりと貼りあわせます。さらに同じ作業を繰り返して、残りのもう1枚を貼りつけ、CD3枚分の重さがある、コマの羽根部分を作ります。

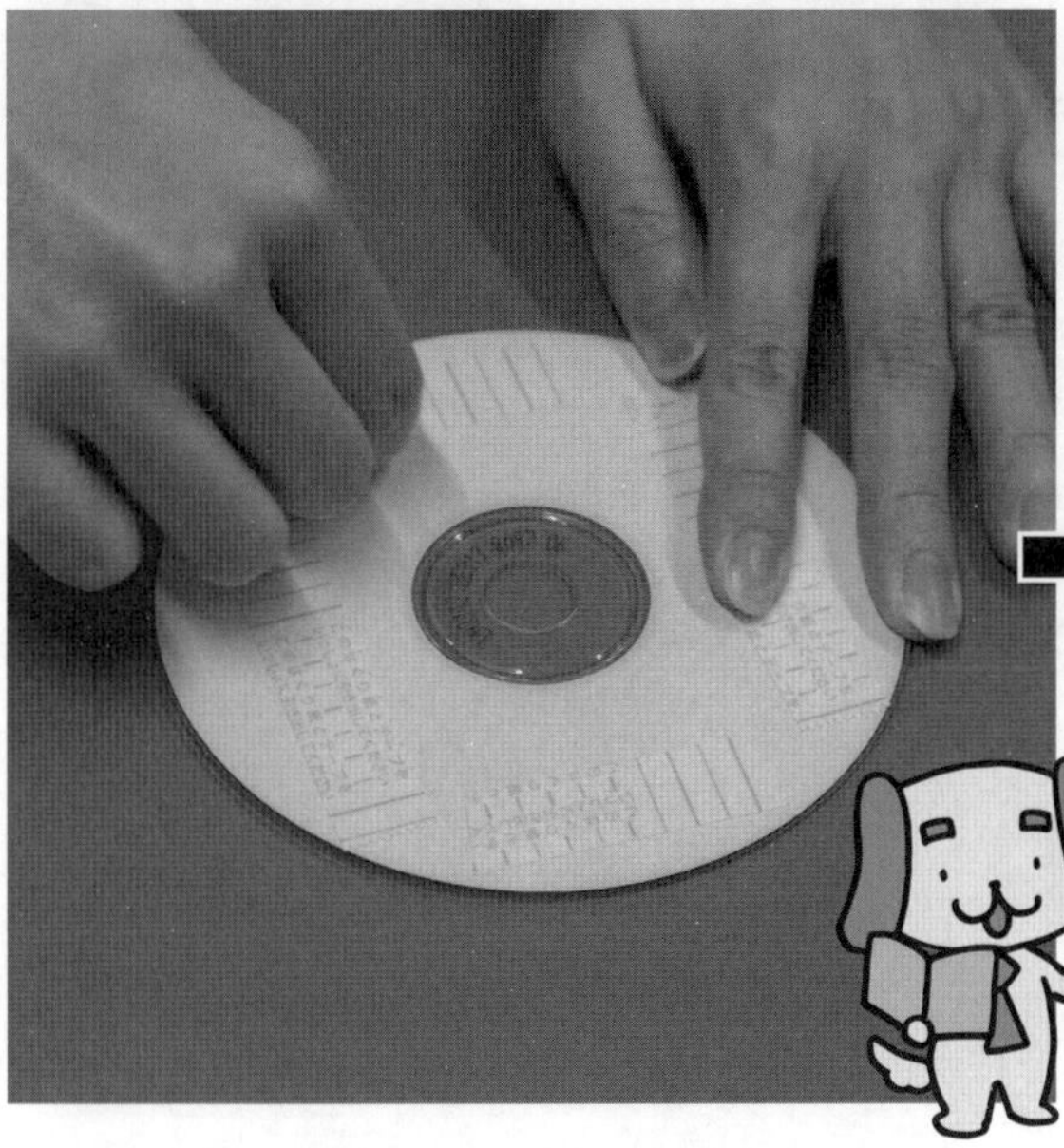

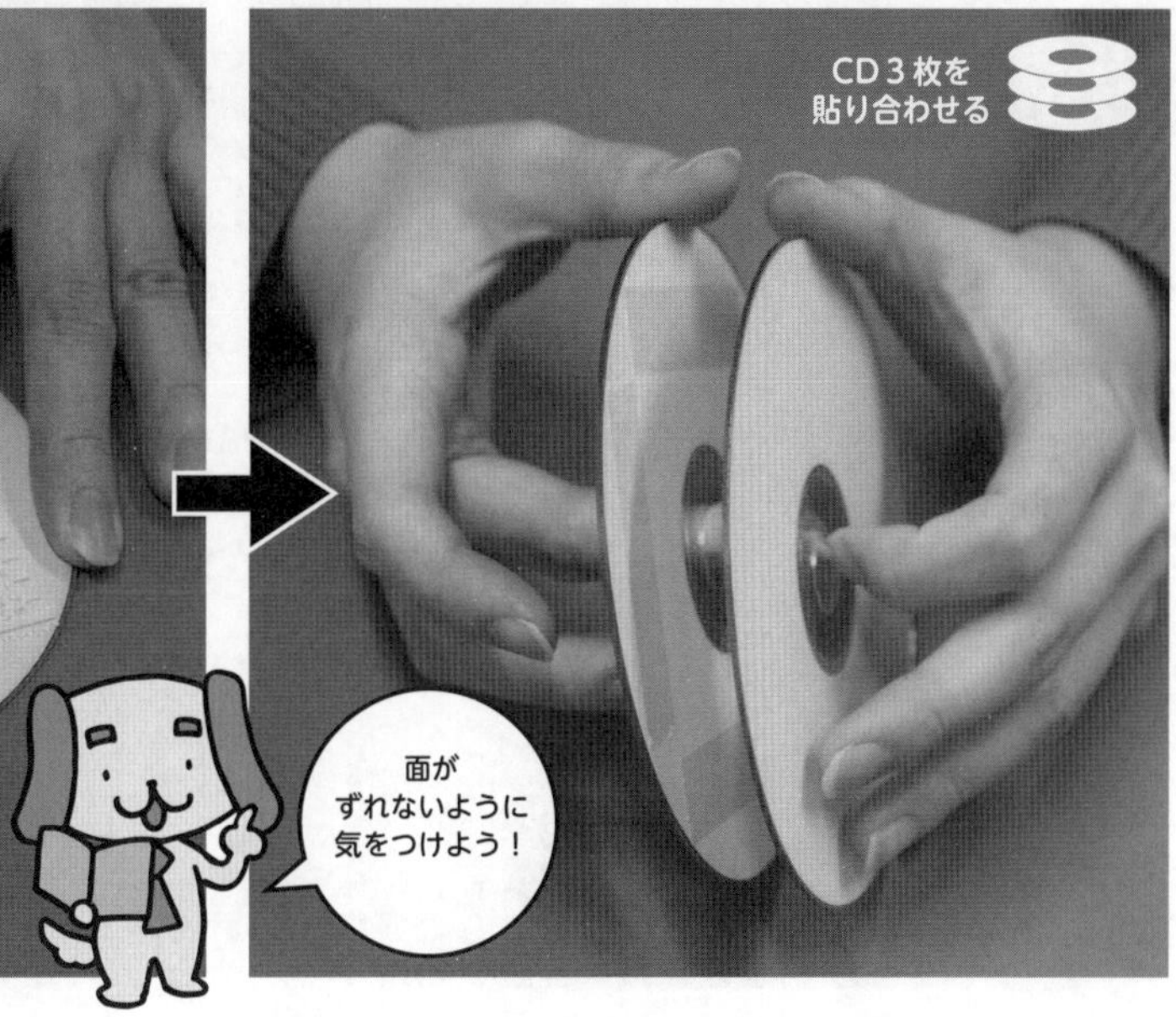
CD3枚を
貼り合わせる
面が
ずれないように
気をつけよう！

4 中心に画びょうを押し込む

キャップの中心に合わせて画びょうを押し込みます。抜けてくるようならセロハンテープを上から貼って補強します。

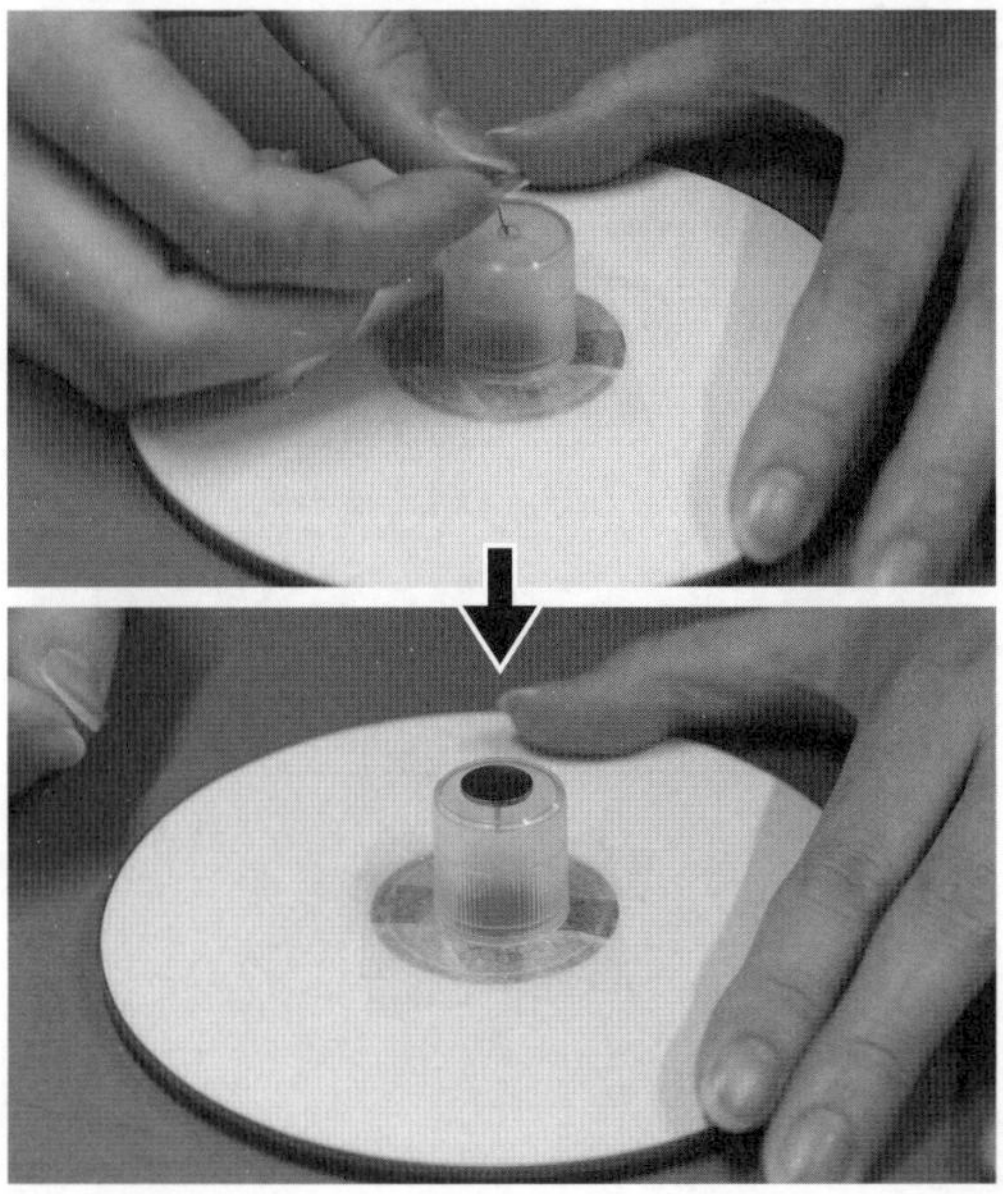

3 CDにキャップを貼りつける

CD中央の穴を囲んで両面テープを貼り、キャップを中心に合わせ、強く押しつけます。

5 割りばしでコマの台を作る

中身が入った缶ジュースに割りばし１本が垂直に立つようセロハンテープでとめます。

6 割りばしにも画びょうを

割りばしの台ができたら、もう１つの画びょうを水平になるように押し込みます。

7 コマを割りばしの台の中心に立つように載せます

このコマの軸（心棒）は画びょうの針です。その針が割りばしで作った台の中心に来るようにそっと載せます。そしてキャップをつまみ、水平になるように意識しながら勢いよくコマを回します。

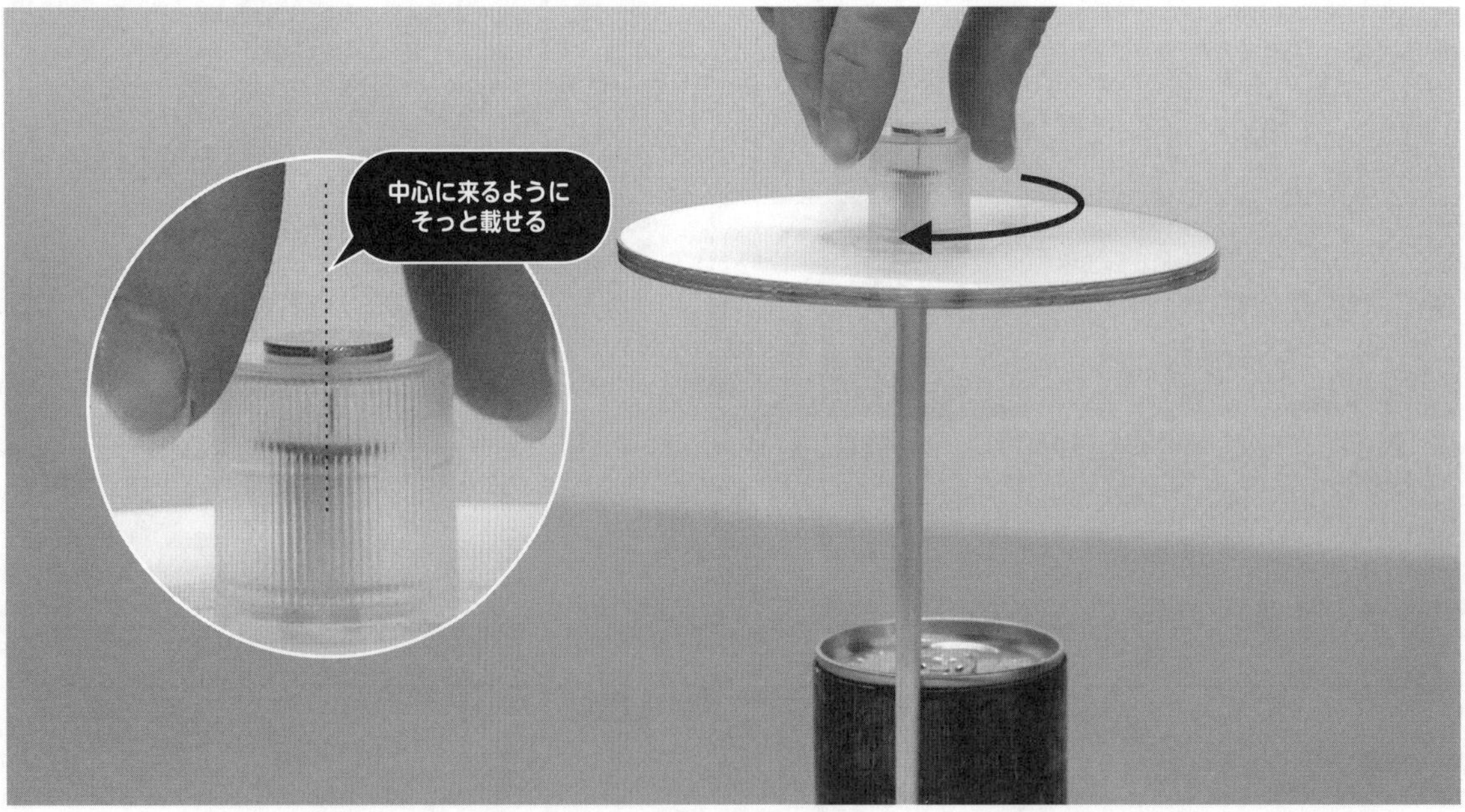

8 スマートフォンのストップウォッチ機能などで時間を計ってみましょう

スマートフォンの時計機能はストップウォッチとしても使えるようになっています。みんなのコマがどれくらい長く回り続けるか計ってみましょう。このコマは10分以上、回り続けることができるはずです。また、低速になっても倒れることなく、ゆっくりと止まるまで観察しましょう。

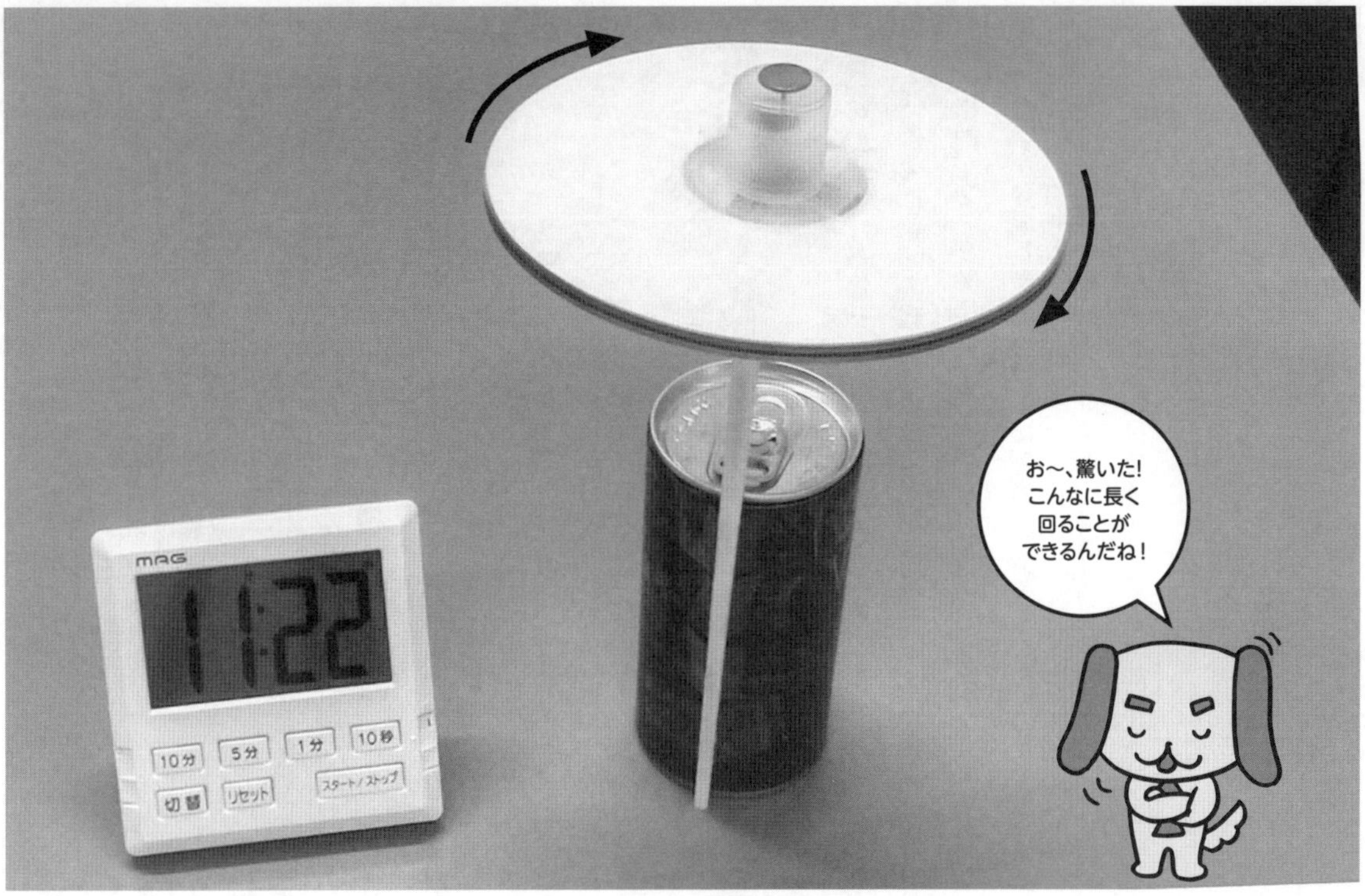

解説 長く回り続けるコマを作るための工夫とは

長く回り続けるコマを作るには運動エネルギーが消失してしまわないようにする、次の4点がポイントになります。

・軸の先端部分の面積を小さくする（接触抵抗を減らす）

・空気の抵抗を受けにくい形にする（空気抵抗を減らす）

・重心の位置が回転軸の中心で、軸の下方にあるようにする（重心の位置）

・中心部よりも外周部の方が重くなるようにする（回転の慣性を増やす）

今回、CDで作ったコマの回転を止める最も大きな要素は、回転軸の先端で起きる摩擦の接触抵抗でしたが、身近な材料を使って、運動エネルギーが損失してしまう要因を最小限に抑える工夫をしてみました。

金属でできた画びょうの針の先は鋭くとがっていますので、コマの重量を1点で支えることができます。それを受けて支える台となる画びょうの上面は、硬く滑らかなので、摩擦を非常に小さくできていたのです。

CDは平面で、厚みがなく、空気抵抗を受けにくい構造です。コマを載せる割りばしの台となる缶も、なかにジュースが入ったままですので、割りばしはあまり揺れず、運動エネルギーが損失しないようになっています。

さらに、このコマは、重心が軸（画びょうの針）の先端より下になっていて「やじろべえ」のような構造です。つまり回転が遅くなっても倒れないので、完全に停止するまで、かなり低速になっても回り続けるのです。

回転させる初速が速いほど、回転時間は長くなりますので、CDの外周全体に「やじろべえ」のバランスを崩さないようにオモリを並べて接着するなど回転の慣性を増やして、みなさんも15分間は止まらないコマをめざしてください。

動画はこちら▶

動画では回転の様子がよく見えるよう、CDに赤い点を施してあります。

そうだったのか！

中学生のための経済学

山本 謙三
オフィス金融経済イニシアティブ代表、前ＮＴＴデータ経営研究所取締役会長、元日本銀行理事。

「経済学」って聞くとみんなは、なにか堅〜いお話が始まるように感じるかもしれないけれど、現代社会の仕組みを知るには、「経済」を見る目を持っておくことは欠かせない素養です。そこで、経済コラムニストの山本謙三さんに身近な「経済学」について、わかりやすくお話しいただくことにしました。今回は、様々な経済状況を反映する、数字の読み方を勉強しましょう。

数字に強くなって経済を深く知ろう

経済の動向は、数字抜きにはほとんど語れません。例えば新聞の経済面には「10月消費者物価指数、2・9％に伸び拡大」のように、多くの数字が登場します。単に「景気が好調・不調」というだけでは、具体的な状況が判然としません。すべてを語れるわけではありませんが、経済状態について人々の共通理解を得ようとするのが数字の役割です。

前年比増加率と前年比の違い

日常の経済分析でしばしば登場するのが、「前年比」「前年同月比」などの過去との比較です。例えば、2022年の企業倒産件数は6428件でした。しかし、この数字だけでは、多いのか少ないのかがわかりません。

そこで2021年の実績6030件と比べ、「前年比6・6％増（6428件÷6030件＝1・066）」と示せば、倒産が少し増えたとわかります。仮に5000件であれば「5000件÷6030件＝0・829」をもとに、100％から82・9％を差し引いて、前年比17・1％の減少と表されます。

ちなみに、その年と前年の実績の比較を「前年比増加率（減少率）」または「前年比」といい、その年のある月と前年同月の実績の比較を、「前年同月比増加率（減少率）」または「前年同月比」といいます。

ただ、前年比増加率（減少率）と前年比は、厳密には表す対象が異なります。前年比増加率（減少率）は、前年を100％として、そこから何％増加（減少）したかを表します。一方で前年比は、実績同士を単純に比較して、今年が前年の何％または何倍に当たるかを示

します。前述の2022年実績6428件を例にとれば、前年比増加率は6・6%となり、前年比は106・6%または1・066倍となります。表現こそ違いますが、中身はまったく同じことを表しているのです。

新聞や専門誌などはこの2つを厳密に区分し、前年比増加率（減少率）を示す際は「前年比○%の増加」や「+○%の伸び」としますが、一般の読みものでは単に前年比と略す例が見受けられます。文脈から判断できることがほとんどですが、注意が必要です。

©PIXTA

GDPを例に名目値と実質値を学ぼう

「名目値」と「実質値」も、経済の分析でよく用いられます。名目値とは、実際に市場で取り引きされた値（金額）や取り引きされた価格に基づいて推計された値のことをいい、実質値は、ある年からの物価の上昇・下落分を取り除いた値のことをいいます。典型例は「名目GDP（国内総生産）」と「実質GDP」です。どちらも一国の経済状況を測るうえで、最も重要な指標の1つとなっています。

2022年度※1の名目GDPは566・5兆円で、前年度比は2・3%の伸びでした。ただし経済の実力を測る目的からみれば、この2・3%を鵜呑《うの》みにするわけにはいきません。名目値は物価の変動を含むため、物価が上がれば上がるほど「水膨れ」するからです。

国内の生産動向を知りたい際は、物価の変動分を取り除いた値、すなわち「実質値」が重要となります。実質値の計算で用いられる物価指数は統計によって異なりますが、GDPの場合は「GDPデフレーター」という物価指数を使用します。名目GDPをGDPデフレーターで割ったものが実質GDPで、その伸び率は、**「実質GDPの伸び率」≒「名目GDPの伸び率」−「GDPデフレーターの伸び率」**の関係で表されます。2022年度のGDPデフレーターの前年度比は+0・8%だったので、実質GDPの前年度比は、名目GDPの前年度比+2・3%からこれを差し引いた+1・5%となりました。

指数化はなにに役立つのか

「指数化」は異なる種類のデータを取り扱う際、任意の基準時点を100に定め、実際の数値を基準時点の数値で割って求めるものです。データを比べたり平均値を計算したりする際に使います。例えば小麦粉と電気冷蔵庫の価格を足しあわせて平均値を求めても、意味のあるデータにはなりません。目的は全体の物価の動きを把握することなので、まず基準年を定めて100とし、各品目の現在の価格を同年の実績値で割って指数化します。

先の例の小麦粉は、2020年の100に対し、2021年の指数が101・2、2022年が116・5でした。この結果、2022年の前年比上昇率は+15・1%となりました。一方、電気冷蔵庫は2020年の100に対して2021年の指数が99・6、2022年の指数が102・7で、2022年の前年比上昇率は+3・1%でした。

すべての品目を指数化したうえで、家計の購入量をもとに定めたそれぞれのウエイト（構成比）で加重平均※2したものは「消費者物価指数」と呼ばれます。このように指数化は、異なる品目を比べ、総合的に評価するための手法として重要な役割を果たしています。

※1 GDPの値は2023年12月8日公表分による　※2 各品目に対する家計の支出割合に応じ、重みをつけて算定した平均値のこと

淡路雅夫の

中学生の味方になる子育て 第14回

楽しむ 伸びる 育つ

profile 淡路雅夫（あわじ まさお） 淡路子育て教育研究所主宰。國學院大学大学院時代から一貫して家族・親子、教育問題を研究。元浅野中学高等学校校長

思春期の反抗や寡黙は子どもが成長している証し

今回は、思春期の行動はすべて「子どもの成長」につながるということをお話しします。

中学校１年生は、新たな学校生活に慣れるための時期。２年生は思春期の真っただ中に入り、よくも悪くも中学校生活に慣れ、ゆとりも芽生えてくる時期といえます。そして３年生は、これから社会人力を育てるために自己と向きあうスタートの時期となります。

中学校生活は、教科学習や生活体験を通して、お子さんが様々なことに気づき、悩み葛藤し、成長していく時期に入ることがポイントです。

１人ひとりが、人としての土台づくりのために自分の目の前の生活を内省し、明日を生きるために学び、自己との葛藤を乗り越える体験をする、この時期が子どもの成長には欠かせません。

しかし保護者にとっては、この時期はある意味、辛い時期かもしれません。小学生のときにはなんでも話してくれていたお子さんが、中学生のある時期から急に寡黙《かもく》になり、ときには反抗を始めるのです。とりわけお母さんにとっては、とてもやっかいな時間です。

学校からの連絡プリントを見せなくなったり、点数が低い返却答案は隠すようになります。子どもにとっては思うようにいかないことが多くなるため、わけもなくお母さんへの八つ当たりも始まります。

すべてわかっているつもりでいたわが子が、なにを考えているのかわからなくなるのはショックで、不安や寂しさが増すのは当然です。

葛藤などメンタル面を理解し成長のための面倒見を

なぜお子さんは中学生になると、反抗し寡黙になるのか、その理由と意味を考えてみましょう。

この時期は、だれもが人として自己を主張し成長する年ごろです。いままでは保護者に面倒をみてもらいながら行動していましたが、お子さんは自分で考え行動し始めます。

しかし、これまでは周囲の援助に頼っていてできていたことなのですから、自己の欲求を、ひとたび自分だけで実現しようとしても思うようにはいかないのです。

お子さんは、その分不満やストレスをため、毎日悶々とした生活を送るようになります。この時期、多くの中学生が抱えるメンタル面の課題を、少しあげてみましょう。

まず、学習においてです。多くの教科は１年生の２学期あたりからレベルが高難度になります。これはお子さんにとってはなかなか乗り越えられない課題です。それまでに主体的に自学自習できる生活習慣を身につけておかないと、成績は下降カーブを描きます。小学校ではよかった成績が「こんなはずではなかった」という状況におちいります。

次に、異性への関心と友だちとの対人関係です。中学生になると急速に異性に関心が向きます。多くの子どもは他者を尊重するための適切な指導は受けていないでしょうし、異性とのつきあい方を相談する相手もいません。好きになった人とのつきあい方に悩むことで、生徒間のトラブルにつながる例も出てきます。

友だち関係も気の合う者同士のつきあいで始まりますが、友だちとの距離感やつきあい方がわからないため、お互いに気まずくなって交友関係が長続きしないことも起こります。

親は友だちが変わるたびに心配して、つい、口出ししがちになります。

部活動では様々な個性がぶつかりあい、１つにまとまろうとするとき大小のトラブルが生じがちです。

部活動の成果や対人関係がうまくいっている場合には問題ありませんが、人間関係などが思うようにいかなくなると、これもまたストレスになります。

とくに、部活動の部長やキャプテンなどに就くと部員同士のいざこざをまとめねばならない立場となるため、これに悩むことも多くなります。

家に帰ってきても寡黙になるわけです。でもこれらは、自分が抱える課題と向きあい、葛藤しながらそれを乗り越える大事な学びの機会です。

そこで、このような子どもに対して保護者は、お子さんをよく観察し内面を理解して、口出しはできるだけ控えて、見守ることです。例えば「みんなの話をよく聞いて、あなたの思うようにやりなさい」程度の助言でいいでしょう。それも聞く耳を持たないケースでは「大丈夫よ！いつもあなたを信じているから」と、お子さんを１人の人格者として尊重することが、よき面倒見になるのだということを理解してください。

〈つづく〉

PICK UP NEWS
ピックアップニュース！

大谷翔平選手のMVP受賞を伝える新聞の号外（2023年11月17日午前、東京都渋谷区） 写真：時事

今回のテーマ

大谷翔平選手２度目のMVP

アメリカ・メジャーリーグで活躍する大谷《おおたに》翔平《しょうへい》選手が2023年11月、投票者全員から１位票を獲得してアメリカンリーグのレギュラーシーズン最優秀選手（MVP）に選ばれました。2021年に続き２度目で、２回の満票受賞は史上初めてです。

大谷選手は1994年、現岩手県奥州市に生まれ、同県の花巻東高等学校に進学、甲子園でも活躍しました。2013年、プロ野球パシフィック・リーグの北海道日本ハムファイターズに入団、身長193㎝、体重95kgの身体を活かし、右投げ左打ちの投打の二刀流の選手として注目を浴びました。プロ野球では投手が打者としても活躍することはほとんどなかったからです。2013年は投手としては３勝、本塁打３本、2014年は投手として11勝、本塁打10本でしたが、2015年には本塁打こそ５本だったものの、投手として15勝を上げて最多勝利、防御率2.24で最優秀防御率、勝率0.75で最高勝率の投手の三冠王に輝きました。

2018年にアメリカのメジャーリーグに移籍、ロサンゼルス・エンゼルスでプレーし、この年、104試合に出場し、打者として打率２割８分５厘、22本塁打、10盗塁、投手として４勝２敗、防御率3.31の好成績を収めました。

2021年には打者として打率２割５分７厘、46本塁打、26盗塁、投手として９勝２敗、防御率3.18、で初めてアメリカンリーグのMVPに輝きました。

2023年はケガのため最後の25試合を欠場したものの、打者として打率３割４厘、44本塁打、95打点、20盗塁、投手としては10勝５敗、防御率3.14、167奪三振の圧倒的な成績を収めました。投手として２桁勝利、打者として３割を超える打率は驚異的な数字です。

こうしたことが受賞につながったのですが、この間、２度にわたって右ひじの手術を受けるなど苦労もありました。

大谷選手は2023年のシーズン終了で、エンゼルスとの契約が切れ、新たに球団と契約する権利を持つフリーエージェント（FA）となり、ロサンゼルス・ドジャースと10年間で1000億円を超える額での移籍が決まりました。これはアメリカプロ野球史上、最高額だそうです。

ジャーナリスト 大野 敏明
（元大学講師・元産経新聞編集委員）

思わずだれかに話したくなる

名字の豆知識

第39回

都道府県別の名字

今回は

石川

石川の名字は方角姓が多い？

北陸地方3県目 石川県に多い名字

石川県は加賀《かが》、能登《のと》の2国から県となりました。県庁所在地は金沢市。その金沢市を包含する郡名、石川郡から県名がつきました。石川の意味は同郡を流れる手取川《てどりがわ》がよく氾濫して、岩石が流域に散らばることから、別名、石川と呼ばれたことに由来します。

石川県は本来なら金沢県となるべきところでしたが、明治維新に際し、加賀藩が新政府側につくのが遅れたということで石川県になったとされています。加賀藩は大政奉還後も、佐幕派と倒幕派のいさかいが続き、態度が決まりませんでした。ただ、加賀藩は戊辰《ぼしん》戦争で後れをとったとはいえ、新政府軍に加わり、かなりの戦死者を出しています。

では石川県の名字ベスト20です。山本、中村、田中、吉田、山田、林、中川、松本、山下、山崎、橋本、山口、中田、清水、東、池田、南、北村、谷口、西田です。このうち全国のベスト20以外の名字は中川、山下、山崎、橋本、中田、東、池田、南、北村、谷口、西田の11姓です。東北、関東の大姓で、全国ベスト5以内の佐藤（石川県で52位）、鈴木（同62位）、高橋（同27位）、渡辺（同74位）がベストから漏れているのが特徴です（新人物往来社『別冊歴史読本　日本の苗字ベスト10000』より）。

では11姓についてみてみましょう。

中川は富山県の回でみました。石川県には羽咋《はくい》市に大字の中川町があります。また金沢市には大字で中川除町《なかがわよけまち》があります。

山下はかつて「山本」の回で少し触れましたが、古墳跡などの少し小高いところが、村の鎮守となり、村ではその古墳跡を「山」と称し、その周辺を山本、山下などといったわけです。そこに居住した人が、その地名をそのまま名字としたと考えられます。大山、中山、小山、神山、森本、森下、森山、宮本、宮下、宮山、小森、古森、古山などはこの系統でしょう。

山崎は埼玉県の回でみました。石川県には金沢市に山崎町がありましたが、1964年に石引《いしびき》2丁目となりました。また七尾市に山崎町の大字があります。

橋本は福島県の回でみました。石川県には橋本という大字以上の地名はありません。

中田は富山県の回でみた通り、田中と同義です。石川県では13位で、富山県と並んで北陸に多い名字といえます。石川県では輪島市門前町の小字に中田《なかた》があり、加賀市山中温泉中田町《なかだまち》があります。

東はおもに「あずま」「あづま」と読みます。池田は新潟県の回でみました。南は全国199位、石川県では17位で全国トップ。次いで鹿児島県の34位です。東とともに方位姓で、集落の南方を南と称し、そこに住んで名字としました。西、北も同じです。

北村の意味は北方の村落で、地名が名字になりましたが、石川県に北村という大字以上の地名はありません。

谷口は北陸、関西、山陰、九州に多く、谷の入り口付近の地名から付いた地形姓です。

西田の20位は全国トップで、次いで大阪府の35位、京都府、奈良県の36位で関西に多い姓です。こうした点をみても、石川県の名字は、関東ではなく、関西系であることがわかります。

方角姓や1字姓が多いのも特徴

これ以外で石川県に多い名字です。

北は全国851位、石川県では67位。全国の北さんの8人に1人以上は石川県に居住していることになります。同音の喜多は全国704位、石川県では92位。全国的には北より喜多の方が多いのです。喜多という大字以上の地名は石川県にはありません。喜多は、北が「敗北」という言葉からもわかるように、「にげる」とも読むことから、縁起のいい喜多に字を変えたものと考えられます。従って北も喜多もルーツは同じと思われます。

谷内は全国1096位、石川県では49位。石川県の谷内は「やち」と読むことが多いです。西は全国244位、石川県では70位。表《おもて》は全国1972位、石川県では97位。干場《ほしば》は全国2653位、石川県では133位。北出《きたで》は全国2134位、石川県では147位。浦は全国1018位、石川県では177位。上出《かみで》は全国2988位、石川県では193位。高《こう》は全国2003位、石川県では194位。向《むかい》は全国1720位、石川県では195位。

石川県では200位以降ですが、加賀藩の名家である長《ちょう》は能登の豪族で、江戸時代に入って、前田氏に臣従し、家老となりました。

東、西、西田、南、北、北出、北村など方角姓が多いのが石川県の特徴です。また東、西、南、北のほか、林、森、辻、堀、泉、表、谷、原、浦、高、向、長などの1字姓が多いのも特徴です。

13歳からはじめる読解レッスン

長文だってこわくない！

「国語大好き！」「国語って勉強する必要あるのかな？」「読解力ってどう上げるんだ⁉」と思うすべての中学生に贈る現代文の読解レッスンのページです。合言葉は「長文だってこわくない！」。

吉岡《よしおか》 友治《ゆうじ》先生

レッスンを担当する先生。日本語の論理的文章メソッドを確立し幅広く活動する。参考書などを多数執筆。

かんじくん

将来は海外で働くことを夢見る中学2年生。吉岡先生のもと、国語力アップをめざす。英語も大好き。

第1回 国語ってどんな教科なの？

人間は母語を通じて世界を理解している

あ〜また国語で悪い点を取っちゃった。ほかの教科はだんだん伸びてきたのに、国語だけはイマイチうまくいかないな〜。

どうしたんだい？ 困っていそうじゃないか。

国語がどうも苦手で……。なにを勉強すればいいのか、よくわからないんです。というか、そもそも国語ってなんのために学ぶんですか？ 日本語が話せるんだからいまさら勉強しなくたっていいじゃないですか。いまの時代なら、英語の方がもっと大切でしょ。

その質問は100回以上聞いたよ。国語なんてなんの役に立つんだってね。でも、こう考えてみてほしい。世の中にオレオレ詐欺にだまされたり、フィッシングメールに引っかかったりする人が多いのはなんでかな？

なんでって……。それはだまされる人の注意が足りないからじゃないですか？

ただそれだけかな？ 「詐欺には注意しよう」って、みんな頭ではわかっているはずだよね？

わかっているだけじゃダメなら、なにが必要なんだろう……。

頭を訓練することだよ。国語はね、まさに頭を訓練して、物事を整理しながらちゃんと判断できるようにするための教科なんだよ。

そうなんですか？ ただの日本語についての知識だと思っていた。

考えてもごらん。世の中の情報のほとんどは文字で書かれている。それがちゃんと理解できなかったら、正確な情報が得られないだろう？

漢字とか読めなかったら困るかも。

それだけじゃなく、長々と書いてある書類を読めずに簡単にサインしたり、言葉巧みに近づいてくる怪しい人の意図がわからなかったりしたら？

だまされるかもしれませんね。

そういうやりとりは、何語を使うの？ 英語？

日本に住んでいるので日本語でしょう。

そうだね。自分が生活している場所の言葉をきちんと理解することが必要になる。

英語より日本語が大切ってことですか？

君の場合は日本で生活しているし、母語が日本語だからね。どんな人でも、どこに暮らしていても、母語に基づいて世界を理解し、自分の行動を判断する。外国語だって頭のなかで母語を経由して理解するだろう？

そういえば先生って、色々な外国語を話せるんでしたよね。

英語、フランス語、ドイツ語、インドネシア語、ラテン語、ギリシア語を勉強したかな。でも、どれも日本語を経由して学んだよ。

日本語がきちんと使えるからこそ、外国語の勉強もできるってことかぁ〜。でも、いまさらなにを学ぶんですか？　文法や単語は大体知っているでしょう？

知識を増やしてよく考える

文章と日常会話では単語が違うよ。たとえば「概念」なんて単語を日常的に使うかな？

なんですか、それ？

英語だとConceptっていってね、「物事のあり方を大づかみに表した考え」という意味だよ。

漢字を見れば大体わかるかもしれません。

じゃあ、「理念」はどういう意味？

理屈に合うように物事を考えることかな？

違うね。「こうあってほしいこと」や「理想」という意味だ。

漢字と全然違うじゃないですか。

これらはもともと西洋の言葉の翻訳だからね。漢字だけではイメージできない。元の言葉に戻って、ちゃんと意味を理解しないと。

日本語なのに、いちいち外国語に戻して考えるんですか？　英語の勉強にもなるかも。

そうだね。ただ、例えば英語でも、ギリシャ語、ラテン語から来ている言葉もあるよ。だから、その場合は元の言語に戻る必要がある。君は英語のAnthropologyっていう単語を知っているかい？

「人類学」だったかな？

「人類学」が英語から来たなら、Human Scienceになると思わない？

たしかに。でもそうは言わないですね。なんでだろう？

> **POINT!**
> **翻訳された言葉は、元の言葉に戻って理解する必要がある**

Anthropos は古代ギリシア語で「人間」、Logyは「学問」という意味なんだ。それを翻訳すると「人類学」となる。

英語の意味を知るのに、ギリシア語まで戻るんですか？　すごすぎ。

少し覚えて深く考える

でも、もっと大切なのは、こういう言葉を使わないと、より深いことや複雑な内容を考えられないということなんだ。

どういうことですか？

例えば「人とはそもそも、どういうあり方をしているのか？　どういうふうに振る舞うものなのか？」なんて複雑な内容は、「人間存在の概念」という言葉を使うと、ひと言で表せるんだよ。

たしかに「人とは……」なんて表すと長すぎて、途中でなにを言っているかわからなくなりそうです。

そういう言葉が国語のなかにはたくさん出てきて、それらを使って考えをさらに発展させる。そうしていくうちに、複雑な議論もわかってくるし、自分で複雑な文章も作れるようになる。これができないと色々と不便も出てくるよ。例

えば、コロナ危機のとき、政府や自治体が様々な給付金を実施したのは知っているかな？　でも、知り合いのなかには「申請書が難しくて書けないから」って諦めていた人もいたよ。

それは確かに損しますね！

制度があっても、ちゃんと人にわかるような形で申請できないとなにもしてもらえない。言葉を適切に理解したり利用したりする能力を、「リテラシー」っていうんだけど、その能力をつけるのが国語なんだ。

単語や文法の知識を学ぶためだけのもの、っていうわけではないんですね。

少し覚えて、より深く考えて、他人や社会に対して働きかける力がつくと思えば、お得だね。

書いてある言葉を見て1つずつ推理する

国語の問題を解くとき、とくに大切になるのは「自分の感じ方や思い込みで突っ走らない」ことだ。

でも「この人物の気持ちはなにか?」なんて、よく聞かれるじゃないですか？　そのとき、感じたままを答えちゃいけないんですか？

個人の感じ方はそれぞれ癖があるからね。自分がそう感じても、ほかの人が納得しないということは少なくない。例えば古い家を見ても、歴史好きなら「由緒ある家」と感じるけど、そうでなければ「古ぼけた家」と感じるだけだ。だから、ある人は手間暇かけて修復しようとするし、別の人は壊して新しい家にしようと思う。

結果が全然違ってきますね。

他人がなにを感じているのかは、自分の感じたものとは違っている。他人が感じていることは、色々と工夫してやっと理解できるようになるんだ。

どうすればいいんですか？

とりあえず観察すればいいんだよ。その人物がその家を見てなにを言ったか、どんな行動をしたのか、表情や態度、行動を見れば考えていることを想像できるはずだ。それと同様に、文章に登場する人でも、書かれている行動や態度や主張を観察すればいい。それらを手がかりにすれば「きっと、この人はこう感じているはずだ」と推理できるよ。

感じるんじゃないんだ!?

本文に書かれていることを手がかりに推理していけば、本文の描写とその人の気持ちがぴったり対応していることがわかるはずだよ。例として、左ページに2022年度大学入学共通テストの第2問・問3の【問題文】と【解答】を載せたよ。題材とされている作品は黒井千次の「庭の男」だ。簡単に内容を説明しておこう。ある日、「私」の隣家の庭にプレハブ小屋が建ったんだ。小屋はその家の息子の部屋で、そこには「私」の家から見えるように、男が描かれた看板が立てかけられている。「私」はその看板をどかしてほしいと少年に頼んだが、断られた。その後、「私」が夜中に庭に忍び込んで自ら看板をどかそうとしているシーンだ。

【問題文】と【解答】を見比べると、問題文の❶〜❸が、解答の❶〜❸と、それぞれ対応している！　ってことは、文章を理解するのに、「特別豊かな感性」は必要ないってことですか？

あった方がいいけど、それより、注意深い方が大事だね。ちゃんとあり方を見て、次にどうなるか予測する。それができて始めて、「その人物がなにを感じているか」がわかるんじゃないかな？

うーん、感じちゃえばそれでいいというわけじゃないんだ。

国語は意外に理系向き

国語は超能力とは違うからね。意外に理系向きかもしれない。理系の人って、理屈がちゃんと

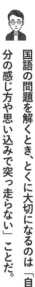

実際の出題をみてみよう！

問題文の傍線部を見て、「私」の気持ちを答える問題だ。

【問題文】

（省略）……力の入れやすい手がかりを探ろうとして看板の縁を辿（たど）った指が何かに当った。太い針金だった。看板の左端にあけた穴を通して、針金は小屋の樋（とい）としっかり結ばれている。同じような右側の針金の先は、壁に突き出たボルトの頭に巻きついていた。❶ その細工が左右に三つずつ、六ヵ所にわたって施されているのを確かめると最早（もはや）男を動かすことは諦めざるを得なかった。夕暮れの少年の細めた眼を思い出し、理由はわからぬものの、❷ あ奴（やつ）はあ奴でかなりの覚悟でことに臨んでいるのだ、と認めてやりたいような気分がよぎった。

【解答】

（省略）……❶ しっかり固定された看板を目の当たりにしたことで、❷ 少年が何らかの決意をもってそれを設置したことを認め、その❸ 心構えについては受け止めたいような思いが心をかすめた。

※一部省略

【問題文】と【解答】の❶〜❸が対応しているのがわかるね！

元は5つの選択肢から1つを選ぶ問題だけど、今回は解答である選択肢の文章だけを載せているよ。

通らないと嫌な人が多いでしょう？ 国語もそうなんだ。この人がこう感じているのは、こういう理由があるからなんだ、と1つずつ筋道を立てて考える。

直感じゃダメなんですか？

ダメじゃないけど、直感だけじゃ、なぜそんなふうに感じたのか、他人に伝えられないだろう？

たしかに「それは君が感じているだけだよ」と言われると弱いですね。

直感は理屈によらない理解だから、思考の筋道がわからない。だから周りも「それなら、こう考えた方がいいよ」とか「こっちの方がより正確じゃない？」とかアドバイスできないんだ。「ここがこうなっているから、こうに違いない」って、相手と共有したことを積み重ねて、互いに納得していくのがコミュニケーションだよ。

数学の証明みたい。

国語って数学とよく似ているんだ。違うのは、考える対象が「言葉」なのか「数や図」なのだけ。そもそも、すべての教科が「より深いコミュニケーションのための訓練」といってもいい。

POINT!

直感だけじゃ1人よがりになってしまう。相手と共有するからこそコミュニケーションができる

子どもの言葉から大人の言葉へ

国語は、子どもの言葉から大人の言葉への成長過程だともいえるね。子どもは嫌なことがあると「わーっ」と悲鳴を上げたりするよね。すると周囲の大人が「痛いんだろう?」とか「イヤなんだろう?」と思いやってくれる。でも大人になると、そうはいかない。ほかの人と対等につきあいながら、言いたいことをはっきり言って、やってもらいたいことはわかるように要求する。しかもその結果が、自分だけじゃなく、相手や全体にとってもいいんだ、と思ってもらえないと納得してもらえない。

大人の世界って複雑ですね……。

ときには対立しても、なんとか協力してもらうようにするんだ。

そういうことをちゃんと順を踏んでやるのは、すごく大変そう。

きちんと論理立てて説明できるようになることが、「大人に世話してもらう関係」から、「対等な人同士の関係」に変わるための技法なんだね。

でも、そういう関係を築くには、相手の言うことを聞くだけでも、自分の言いたいことをまくし立てるだけでもダメそうですね。

大人同士の会話でも、相手が大事なことを言っているのに「てかさー」と言って、全然別の話題を持ち出す人がいるよね。で、それを聞いていた人も「てかさー」で始めて、また全然別の話題に飛ぶ。

それじゃあ、2人でなにを共有しているのかさっぱりわからないですね。

理解と表現で行ったり来たり

そんな大人にならないためにも、相手の言うことを聞いて、それに対応しつつ、自分の言いたいことも述べる、という流れを作れなければいけないね。

聞いて、言う。双方向の関係ですね。

国語では、それを文章で練習する。口から出ただけの言葉はすぐ消えてしまうから、細かいところまで吟味《ぎんみ》しにくい。ちゃんと理解するために、いつまでも消えずに残っている文章で訓練するのが最適なんだ。

文章の読み書きって大事なんですね。

だから、国語は別に評論や小説を読むこと自体が目的じゃないんだ。それを材料にして、言葉を深く正確に理解し、その理解に基づいて、単なる思いつきを超えた予想や提案ができるようになるための訓練なんだよ。

要するに国語を学ぶことを通して、ほかの人との関係性をちゃんと作って、自分のしたいことを他人の助けを借りつつ実現する。そしてその結果として、社会全体もよくなっていく……ってことなんですね。

そんなふうになれば理想的だけどね。

うーん、なんとなく国語を学ぶ意義がみえてきたような気がします! 小難しい文章に取り組む苦行だけじゃないんですね。

そうだよ(笑)。それに「小難しい文章」だって、なんらかの必要があって先人たちが残したもののはずだからね。それなりに尊重しなきゃいけないね。そういう文章を自分なりに理解できるようになれば、そこに工夫してなにかをつけ加えたり、社会や他人との関係のなかで新しいものを提案したりできるようになるかもしれない。国語は、その第1歩になる教科と考えてもらいたいな。

POINT!

国語は、言葉を深く正確に理解して、予想や提案までできるようになるための訓練

身の回りにある、
知っていると
役に立つかもしれない
知識をお届け!!

サクセス印のなるほどコラム

惣菜《そうざい》パンは日本で進化した洋食？

先生はパンが好きでよく買うんだけど、キミはどう？

好きだよ！　おやつにパン屋さんで菓子パンや惣菜パンを買うこともあるよ。

惣菜パンってなんであんなにおいしいんだろうね〜。

先生の好きな惣菜パンはなに？

たくさんあり過ぎて……コロッケパン、焼きそばパン、カツサンド……。

全部ソース味？（笑）

なんとなくだけど、ソースとパンは合う気がするんだよね。

確かに！　じゃあお醤油とパンは？　きっとおいしいんだろうけど……。

パンを刺身みたいにお醤油をつけて食べる的な？

それ、塩分取り過ぎになっちゃう。パンがお醤油を吸収しますから！

そうだなあ……（苦笑）。パンに合わせるには、お醤油は液体の状態がサラッとしすぎているかもね。

惣菜パンといえば、最初にカレーパンを揚げパンにしたらおいしいって考えた人はすごいと思うんだよね〜。

確かに。それね、前に気になって調べたんだよ。

だれが最初に作ったの？

だれっていうのはわからないんだけど、一説には、1927年に東京都江東区の名花堂（現店名・カトレア）というパン屋さんが考案した「洋食パン」が元祖らしいんだ。

へえ〜。じゃあ、そのお店が最初にカレーをパンに包んで揚げたんだ。

どうもそうらしいよ。

当時としては斬新だったんじゃない？

きっとそうだったろうね。洋食がはやり始めたころだろうけど、洋食とパンを合体させた発想はすごいよね〜。

じゃあ、先生の好きなコロッケパンの発祥は？

よくぞ聞いてくれた！　これはね、東銀座の精肉店のチョウシ屋が発祥といわれているんだ。昭和20年代なかごろだから、1950年前後かな、お客さんがパンを持ってきて「これにコロッケを挟んでほしい」とお店に頼んだことがきっかけらしい。

お客さんのアイデアだったんだ！

そうらしいという話なので、その辺は悪《あ》しからず！（笑）

でもさあ、先生はやっぱりすごいよね。

えっ？　急にどうしたの？

なんか、先生の話を聞いていたら、カレーパンもコロッケパンも食べたくなってきたもん！

じゃあ、私も食べたいから、買ってこようか？

さすが先生！　その言葉を待ってました！

要するにごちそうしろってことだよね？

うん！　もちろん！

そういうキミもすごいよ……。

中学生でもわかる

高校数学のススメ

高校数学では、早く答えを出すことよりもきちんと答えを出すこと、
つまり答えそのものだけでなく、答えを導くまでの過程も重視します。
なぜなら、それが記号論理学である数学の本質だからです。
さあ、高校数学の世界をひと足先に体験してみましょう！

written by
『サクセス15』編集部数学研究会

Lecture! n進法

例題　2進法の11011を10進法に直しなさい。

今回は高校の数学Aからn進法を取り上げます。まずは問題から離れて、０から数を数えてみてください。
０、１、２、３、・・・９、
10、11、12、・・・19、
・・・・・・
90、91、92、・・・99、
100、101、102、・・・109、
このように、当たり前に使っているこの数は10倍ずつ進む10進法という法則に基づいています。10進法で使う数字は０から数えて０、１、２、３、４、５、６、７、８、９の10個です。お金で考えるとわかりやすいと思います。１円玉、10円玉、100円玉、1000円札、10000円札。これらは10倍ずつの関係になっているわけです。これ、１の位、10の位、100の位、1000の位、10000の位に似ていませんか？
これを意識して考えると、23468円は10000円札（10000の位）２枚、1000円札（1000の位）３枚、100円玉（100の位）４枚、10円玉（10の位）６枚、１円玉（１の位）８枚と考えることができます。
同じように、２進法を考えます。使う数字は０から数えて２つ、つまり０と１です。２進法の11011は10進法に直すと１円玉、２円玉、４円玉、８円玉、16円玉・・・と考えて、小さい方から１の位、２の位、2^2の位、2^3の位、2^4の位・・・となります。
したがって２進法の11011は$11011_{(2)}$と表し、10進法にすると2^4円玉（2^4の位）が１枚、2^3円玉（2^3の位）が１枚、2^2円玉（2^2の位）が０枚、2^1円玉（2^1の位）が１枚、１円玉（１の位）が１枚ですから、
$11011_{(2)}=2^4\times1+2^3\times1+2^2\times0+2^1\times1+1\times1=27$になります。

今回学習してほしいこと

n進法で表された数は小さい方の位から、１の位、nの位、n^2の位、n^3の位・・・と表され、例えばn進法で表された数$abcd_{(n)}$を10進法に直すには、
$abcd_{(n)}=n^3\times a+n^2\times b+n^1\times c+1\times d$　と計算する。

さあ、早速練習です！　３つのレベルの類題を出題していますので、チャレンジしてみてください。今回は中級からスタートです。

練習問題

中級

10進法で表された142を３進法に直しなさい。

上級

（１）２進法で$11011_{(2)}$と表される数を４進法で表すと［ ア ］$_{(4)}$である。

（２）次の⓪～⑤の６進法の小数のうち、10進法で表すと有限小数となるのは、［ イ ］個である。

⓪ $0.3_{(6)}$　① $0.4_{(6)}$　② $0.33_{(6)}$
③ $0.43_{(6)}$　④ $0.033_{(6)}$　⑤ $0.043_{(6)}$

（2016年度　大学入試センター試験問題より　一部改題）

初級

３進法で表された$12021_{(3)}$を10進法で表しなさい。

解答・解説は次のページへ！

解答・解説

中級

初級の逆の問題です。


【解答例１】142円を持って、３進法の国で両替をすると考えてください。

３進法の国では１円玉、３円玉、3^2＝９円玉、3^3＝27円玉、3^4＝81円玉、3^5＝243円玉・・・があるとイメージすると、142円しか持っていませんから、243円玉と交換はできません。

というわけで、まずは81円玉が何枚交換できるかを考えます。

142円のうち81円は１個交換ができますので、3^4の位は１です。

残金は142円－3^4円×１＝61円です。この61円を27円玉で何枚交換できるかというと、２枚ですね。つまり、3^3の位は２です。

この時点で残金は61円－3^3円×２＝７円です。

９円玉を使用することはできないので、９の位は０。

この７円を３円玉で２枚。交換すると残りは１円ですから１円玉１枚。つまり、３の位が２で、１の位が１です。

したがって、142＝**12021**$_{(3)}$

【解答例２】これを簡易的に計算するスダレ算があります。

３進法であれば、３で割った商と余りを書き、最後に余りを逆さまに書いていく方法です。

実際に計算をしてみると以下の通りです。

3) 142
3) 47・・・1
3) 15・・・2
3) 5・・・0
　1・・・2

12021$_{(3)}$とすぐに求まります。

答え	12021$_{(3)}$

上級

２進法の数を４進法に直す場合、10進法を経由するのが一番わかりやすいです。したがって、

$11011_{(2)}=2^4\times1+2^3\times1+2^2\times0+2\times1+1\times1=27$・・・10進法

そこでこの10進法の27を４進法に直して

```
4) 27
4)  6 ・・・3
    1 ・・・2
```

アの答えは**$123_{(4)}$**

次に小数を６進法で表すと、１の位の下の位が、$\frac{1}{6}$の位なのです。簡単にいえば$\frac{1}{6}$円玉のイメージ。その下の位は$\left(\frac{1}{6}\right)^2$の位、つまり$\left(\frac{1}{6}\right)^2$円玉のイメージ。その下の位は$\left(\frac{1}{6}\right)^3$の位、つまり$\left(\frac{1}{6}\right)^3$円玉のイメージ。これをイメージして考えると、

$0.3_{(6)}=3\times\frac{1}{6}=\frac{1}{2}$, $0.4_{(6)}=4\times\frac{1}{6}=\frac{2}{3}$, $0.33_{(6)}=3\times\frac{1}{6}+3\times\frac{1}{6^2}=\frac{7}{12}$

$0.43_{(6)}=4\times\frac{1}{6}+3\times\frac{1}{6^2}=\frac{3}{4}$, $0.033_{(6)}=\frac{7}{12}\times\frac{1}{6}=\frac{7}{72}$, $0.043_{(6)}=\frac{3}{4}\times\frac{1}{6}=\frac{1}{8}$

このなかで有限な小数は$\frac{1}{2}=0.5$、$\frac{3}{4}=0.75$、$\frac{1}{8}=0.125$です。したがって、10進法で有限小数として表せる数は、$0.3_{(6)}$、$0.43_{(6)}$、$0.043_{(6)}$の**3**つです。

答え　**ア 123　イ 3**

初級

$12021_{(3)}=3^4\times1+3^3\times2+3^2\times0+3^1\times2+1\times1=$**142**

答え　**142**

ミステリーハンターQのタイムスリップ歴史塾

紫式部

今回のテーマは紫式部。平安時代中期の長編小説『源氏物語』の作者だね。いったいどんな人物だったのか探ってみよう。

勇 2024年のNHKの大河ドラマの主人公は紫式部《むらさきしきぶ》だけど、どんな人だったの？

MQ 平安時代中期の女流作家で、『源氏物語《げんじものがたり》』という小説を書いたんだ。

静 どんな小説なの？

MQ 全54帖からなる壮大な物語だよ。天皇の皇子で、臣籍に降下した光源氏《ひかるげんじ》の人生を描いている。また、光源氏の子の薫大将《かおるだいしょう》の宿命的な悲劇など、光源氏の没後の子孫の話も描かれているんだ。

勇 ずいぶん長い小説なんだね。

MQ 綿密、複雑な構成で、自然描写や心理描写が優れていて、日本文学の最高峰の1つと評価されているんだ。

静 そんな大作を書いた紫式部ってどんな人だったの？

MQ 父は越前守藤原為時《えちぜんのかみふじわらのためとき》、母は藤原為信《ふじわらのためのぶ》の娘。973年に生まれたとされ、名前は香子《こうし》とする説がある。父為時は歌人でもあり、漢学者でもあり、彼女は小さいときから文学に親しんでいたといわれているよ。

勇 中下級貴族の出身なんだね。

MQ 紫式部は親子ほども年の違う山城守《やましろのかみ》の藤原宣孝《ふじわらののぶたか》と結婚したんだけど、結婚間もなく死別してしまった。このため、時の最高権力者だった藤原道長《ふじわらのみちなが》の推薦もあって、宮中に入り、一条《いちじょう》天皇の中宮《ちゅうぐう》だった彰子《しょうし》に仕えたんだ。彰子は道長の娘だからね。

静 宮中ではなにをしたの？

MQ 彰子の短歌の指導をしたり、話し相手、相談相手にもなっている。家庭教師みたいな存在かな。宮中での様子を書いた『紫式部日記』を残しているよ。

勇 なんで紫式部っていうの？

MQ 父の為時が式部丞《しきぶのじょう》という地位にいて、藤原氏だったから最初は藤式部《とうのしきぶ》といったらしい。藤の花は紫色ということで紫式部になったという説や、『源氏物語』の登場人物に由来すると推測する説もあるよ。

静 紫式部は『源氏物語』をいつ書いたの？

MQ 彰子に仕えていたときに書き始めたとされている。滋賀県にある石山寺《いしやまでら》は、紫式部が滞在中に『源氏物語』の着想を得たといわれた場所で、物語を執筆した部屋は「源氏の間」と名づけられ、多くの観光客が訪れているんだ。

勇 晩年はどうだったの？

MQ 紫式部の晩年についてはよくわかっていない。ただ、勅撰集にも多くの和歌が収められ、1人娘の大弐三位《だいにのさんみ》とともに百人一首にも選ばれている。『源氏物語』は後世に大きな影響を与え、とくに女流作家で影響を受けていない人はいないとまでいわれているよ。

ミステリーハンターQ（略してMQ）

米テキサス州出身。某有名エジプト学者の弟子。1980年代より気鋭の考古学者として注目されつつあるが本名はだれも知らない。日本の歴史について探る画期的な著書『歴史を掘る』の発刊準備を進めている。

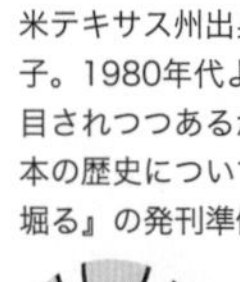

山本 勇

中学３年生。幼稚園のころにテレビの大河ドラマを見て、歴史にはまる。将来は大河ドラマに出たいと思っている。あこがれは織田信長。最近のマイブームは仏像鑑賞。好きな芸能人はみうらじゅん。

春日 静

中学１年生。カバンのなかにはつねに、読みかけの歴史小説が入っている根っからの歴女。あこがれは坂本龍馬。特技は年号の暗記のための語呂合わせを作ること。好きな芸能人は福山雅治。

耳よりツブより情報とどきたて

手軽に外貨を電子マネーに交換

明るい緑色の塗装がめだつ「ポケットチェンジ(Pocket Change)」の端末機器(東京都三鷹市/撮影・本誌)

意外に多い帰国時の外貨持ち帰り

学校現場では、海外への修学旅行を再開するところも多くなりましたが、海外から帰国したとき、意外と面倒なのが外貨を日本円に両替する作業です。

とくにコインを両替してくれる銀行はないといってもいいのです。それなのに外国を出るとき、両替できずに持ち帰ることになるのは、コインばかりなのですから厄介です。みなさんの家庭でも机の引き出しの奥に、いまや「記念品」となってしまった外国のコインが残されているのではないでしょうか。

紙幣だけではなくコインも電子マネーに

外貨から日本円に交換する方法は、銀行にしろ両替所にしろ、基本的には紙幣のみの対応です。

そこで便利に使われるようになったのが「ポケットチェンジ(Pocket Change)」という自動販売機のような格好をした両替機です【写真】。

いわゆる両替や買い取りとは違い、ポケットチェンジは外貨を日本で使える〝お金〟に替えるのではなく、この機器に外国の紙幣やコインを入れると電子マネーとしてチャージしてくれるのです。

登場した2017年には、羽田空港、成田空港やその最寄り駅に設置された程度でしたが、それから6年を経て、ショッピングモールやデパート、駅ビルなど首都圏では50カ所以上を数えます。

交換方法は、自分が使っている電子マネーを選択し、外貨の紙幣やコインを機器の端末にある投入口から入れるだけです。すると投入した金額が自動で計算され、選択した電子マネーに変換されて、タッチしたカードやスマートフォンに振り込まれます。

投入するコインや紙幣は、1つの国の通貨だけでなく、複数国の通貨を同時に端末に投入しても、機器が総額を計算して電子マネーに変換します。

ポケットチェンジが対応しているのは、さすがに世界すべての通貨までとはいきませんが、日本円、米ドル、ユーロ、中国人民元、韓国ウォン、台湾ドル、シンガポールドル、香港ドル、タイバーツ、ベトナムドンの10通貨です(2023年11月現在)。

解いてすっきり
パズルでひといき

今月号の問題

熟語しりとりパズル

　図にすでに書かれている漢字やカギを手がかりに、スタートから中心に向けて熟語のしりとりをしながら、すべてのマスを漢字で埋めてパズルを完成させてください。なお、数字のついているマスには熟語の一文字目が入ります。

　最後に色のついたマスを縦に読むと三字熟語ができます。それが答えです。

〈カギ〉

1　お金をまったく持っていないこと
2　学芸と武道（の両方に優れていること）
3　ルート・順路
4　並べ方に一定の基準がないこと（氏名を列挙するときなどにいう）
5　同じであること
6　少しのことで大事件が起きそうなほど、危険な状況
7　○○王エジソン
8　明日の次の日
9　絶え間なく日に日に進歩すること
10　一定時間、車を通行止めにして、道路を散策したり、ショッピングができたりする
11　民間ではなく、国が持っていることを表す
12　名のみあって中身がない
13　実物と同じ大きさ
14　度胸があって、恐れを知らない
15　好意の反対
16　意気込みが非常に盛んなこと
17　人の住む世界。本や荷物の上下をいう場合も

18　その土地の呼び名
19　≒汚名返上
20　メリーゴーラウンド
21　人の意見や批評をまったく気にかけない
22　英語では「cold」

スタート→

1	2	両	3	4
11 12			13	
天	20		14 大	
19 22 風		木		5
18 地		21		6 一
10 17		16	15	
	9 日	8	7	

応募方法

下のQRコードまたは104ページからご応募ください。
◎正解者のなかから抽選で右の「**ナナメクリファイル**」をプレゼントいたします。
◎当選者の発表は本誌2024年6月号誌上の予定です。
◎**応募締切日 2024年2月15日**

今月のプレゼント！
ナナメにめくれる便利なファイル

　プリントをまとめるとき、「ホチキスは穴があくし、ファイルに入れると出すのが面倒だなあ」と思うことはありませんか。そんな方におすすめなのが「ナナメクリファイル」（キングジム）。上部のクリップで紙をはさめば、まるでホチキス留めしたかのように、すばやく紙をめくって見返せます。ファイル下部には書類脱落防止ポケットがついており、最大20枚まで持ち歩けるのも嬉しいポイント。

5名
さまに

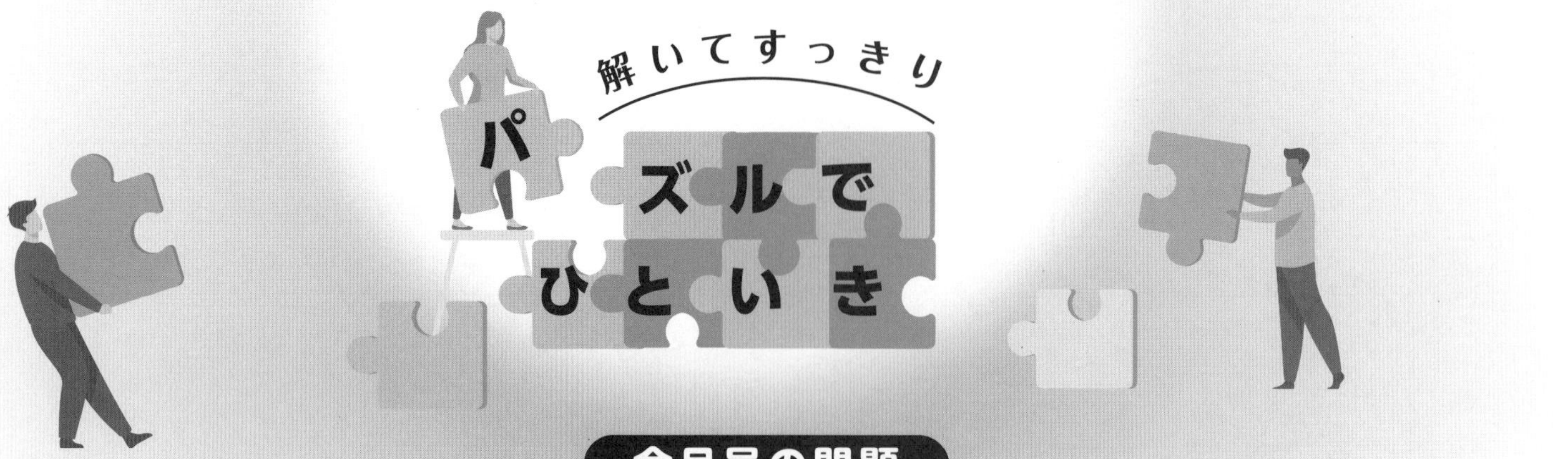

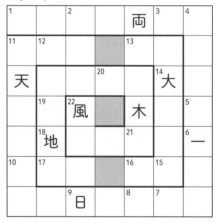

10月号の答えと解説

解答 HONEST（正直な・偽りのない）

10月号の問題

カギを手がかりにマスに英単語を入れてパズルを完成させましょう。

最後にa～fのマスの文字を順に並べてできる単語を答えてください。

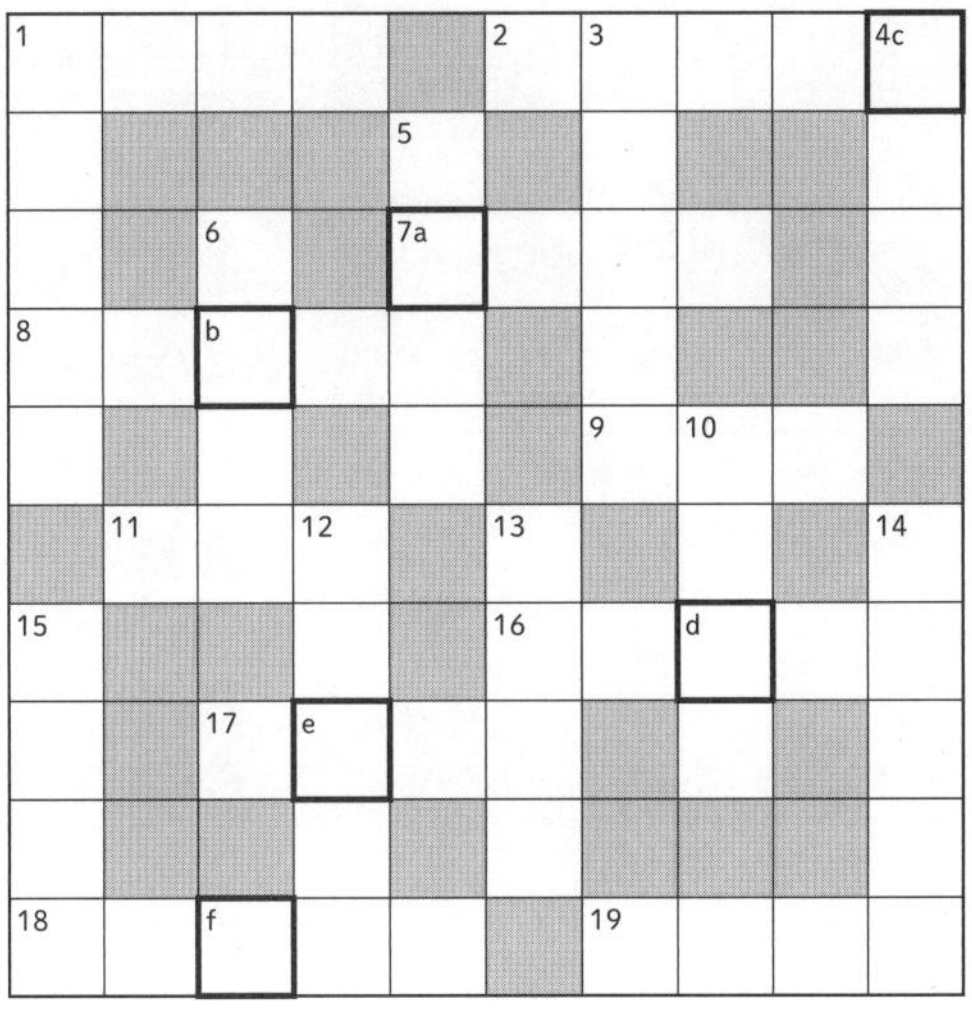

ヨコのカギ（Across）
1 the color of the sky on a sunny day
2 the color of earth or coffee
7 I ____ to finish this work today.
（私はこの仕事を今日終えなければなりません。）
8 ⇔ open
9 ____ away（逃げる・逃げ出す）
11 ____'s play tennis.（テニスをしましょう。）
16 thisの複数形
17 アジア
18 a glass of ____（コップ1杯の水）
19 I'm ____ with my homework.
（ぼくは宿題で忙しい。）

タテのカギ（Down）
1 海岸・砂浜
3 the Hudson ____（ハドソン川）
4 ____ to meet you.（お会いできて嬉しいです。）
5 ____ I was twelve, I lived in Kyoto.
（12歳のとき、私は京都に住んでいました。）
6 ____ here.（こっちに来て。）
10 a ____ car（中古車）
12 This milk ____s sour.
（この牛乳は酸っぱい味がする。）
13 the ____s and Stripes（アメリカ国旗・星条旗）
14 ⇔ light
15 ____ up（成長する・大人になる）

解説

1 B	L	U	E		2 B	3 R	O	W	4c N
E				5 W		I			I
A		6 C		7a H	A	V	E		C
8 C	L	b O	S	E		E			E
H		M		N		9 R	10 U	N	
	11 L	E	12 T		13 S		S		14 H
15 G			A		16 T	H	d E	S	E
R		17 A	e S	I	A		D		A
O			T		R				V
18 W	A	f T	E	R		19 B	U	S	Y

クロスワードを完成させると左のようになります。

「honest」の発音をカタカナで書くと「ア（オ）ネスト」で「h」は発音しません。

「正直な」「誠実な」「偽りのない」などの意味を持つ形容詞で、「an honest man」は「正直者」、「He was honest with me.」は「彼は私に対して正直でした」となります。

名詞形は「honesty（公正、誠実、正直）」で、例えば「I like her honesty.」と使うことができ、これは「私は彼女の正直さが好きです」という意味になります。

10月号パズル当選者（全応募者55名）

鈴木 裕理さん（中1・東京都）　野田 透真さん（中1・茨城県）
廣田 記恵さん（中2・東京都）　松元 充さん（中3・神奈川県）　横地 美優さん（中3・埼玉県）

夢が広がる高校選びの情報満載！

Success15

バックナンバー好評発売中！

2023年 12月号

知っておきたいこれからの授業
AIで変わりゆく学校教育

これ不思議！
なぜなに科学実験室

Special School Selection
早稲田実業学校高等部

公立高校WATCHING
神奈川県立柏陽高等学校

2023年 10月号

第１志望校
キミは決まった？

Special School Selection
東京都立西高等学校

研究室にズームイン
東京工業大学
田中博人准教授

私立高校WATCHING
桐光学園高等学校

2023年 8月号

学校説明会 ここがポイント

Special School Selection
東京都立日比谷高等学校

研究室にズームイン
京都大学フィールド科学
教育研究センター
市川光太郎准教授

私立高校WATCHING
明治大学付属明治高等学校

2023年 6月号

高校受験まであと270日
「やるべきこと」はなにか？
宮大工の技術が光る
日本の伝統「社寺建築」とは？

Special School Selection
早稲田大学本庄高等学院

高校WATCHING
法政大学高等学校
東京都立小山台高等学校

2023年 4月号

高校に進んだら
文系、理系 あなたはどうする？
多くの不思議がそこに！
地図を旅しよう

Special School Selection
東京都立戸山高等学校

高校WATCHING
淑徳与野高等学校
神奈川県立湘南高等学校

2023年 2月号

さあ来い！入試 ポジティブ大作戦

Special School Selection
早稲田大学高等学院

研究室にズームイン
鳥取大学乾燥地研究センター
山中典和教授

高校WATCHING
中央大学高等学校
埼玉県立浦和第一女子高等学校

2022年 12月号

英語スピーキングテスト

Special School Selection
渋谷教育学園幕張高等学校

研究室にズームイン
東京大学先端科学技術研究センター
西成活裕教授

公立高校WATCHING
東京都立青山高等学校

2022年 10月号

模擬試験を活用して
合格への道を切りひらく

進化し続ける交通系ICカード

Special School Selection
東京学芸大学附属高等学校

公立高校WATCHING
東京都立八王子東高等学校

2022年 8月号

学校説明会に行こう！

Special School Selection
お茶の水女子大学附属高等学校

研究室にズームイン
東京海洋大学 茂木正人教授

私立高校WATCHING
成蹊高等学校

2023年 夏・増刊号

中学生だって知ってほしい「大学改革」
日本の大学が変わる！

不思議を目撃！
なぜなに科学実験室

私立高校WATCHING
拓殖大学第一高等学校

公立高校WATCHING
埼玉県立大宮高等学校

2023年 秋・増刊号

女子のための大学講座
女子大学を知る

アッと驚く！
なぜなに科学実験室

Focus on 国立・公立・私立
魅力あふれる3校
東京工業大学附属科学技術高等学校
千葉県立東葛飾高等学校
国学院高等学校

これより以前のバックナンバーはホームページでご覧いただけます（https://www.g-ap.com/）

バックナンバーはAmazonもしくは富士山マガジンサービスにてお求めください。

夢が広がる高校選びの情報満載！

Success15

2月号

表紙：開成高等学校

FROM EDITORS 編集室から

学校に取材へ行くと、ご厚意で校内を見学させていただくことがあります。Special School Selectionでおうかがいした開成高等学校でも、できたばかりの新校舎を野水校長先生にご案内いただきました。

特徴的だったのは、階ごとに異なるテーマカラーが設けられていたこと。日本の伝統色で塗り分けられた落ち着いた空間に、心がホッと安らぎました。

また、４階の「芝テラス」から見た夕暮れのまばゆさも目に焼きついており、校内に流れ込む初冬の風は頭を冴えさせるような心地に。「生徒さんはこの学びの環境からも、新たな着想を得るのだろうな」と、なんだかうらやましい気持ちになりました。（T）

Next Issue 4月号

Special

さあ始まった！受験この1年

研究室にズームイン

Special School Selection

私立高校WATCHING

公立高校WATCHING

突撃スクールレポート

ワクワクドキドキ 熱中部活動

※特集内容および掲載校は変更されることがあります。

Information

『サクセス15』は全国の書店にてお買い求めいただけますが、万が一、書店店頭に見当たらない場合は、書店にてご注文いただくか、弊社販売部、もしくはホームページ（104ページ下記参照）よりご注文ください。送料弊社負担にてお送りします。定期購読をご希望いただく場合も、上記と同様の方法でご連絡ください。

Opinion, Impression & ETC

本誌をお読みになられてのご感想・ご意見・ご提言などがありましたら、104ページ下記のあて先より、ぜひ当編集室までお声をお寄せください。また、「こんな記事が読みたい」というご要望や、「こういうときはどうしたらいいの」といったご質問などもお待ちしております。今後の参考にさせていただきますので、よろしくお願いいたします。

サクセス編集室 お問い合わせ先

TEL：03-5939-7928　FAX：03-3253-5945

今後の発行予定

2024年3月15日 2024年4月号	2024年9月15日 2024年10月号
2024年5月16日 2024年6月号	2024年10月15日 秋・増刊号
2024年7月16日 2024年8月号	2024年11月15日 2024年12月号

FAX送信用紙

※封書での郵送時にもコピーしてご使用ください。

100ページ「熟語しりとりパズル」の答え

氏名

学年

住所（〒　　　－　　　）

電話番号

（　　　　）

現在、塾に

通っている　・　通っていない

通っている場合

塾名

（校舎名　　　　　）

面白かった記事には○を、つまらなかった記事には×をそれぞれ3つずつ（　）内にご記入ください。

（　）04 Special School Selection 開成高等学校
（　）11 研究室にズームイン 海洋研究開発機構高知コア研究所 物質科学研究グループ　上席研究員 諸野 祐樹 先生
（　）18 私立高校WATCHING 法政大学国際高等学校
（　）22 公立高校WATCHING 東京都立立川高等学校
（　）26 ワクワクドキドキ　熱中部活動 順天高等学校　バトン部
（　）30 突撃スクールレポート 多摩大学目黒高等学校
（　）32 踏み出す第1歩 高校に進んだら君はなにする？
（　）36 受験生のための明日へのトビラ
（　）39 首都圏公立高校入試展望2024
（　）48 スクペディア 足立学園高等学校
（　）49 スクペディア 武蔵野高等学校
（　）50 レッツトライ！　入試問題
（　）54 帰国生が活躍する学校 桐光学園高等学校
（　）56 中学生の未来のために！ 大学入試ここがポイント
（　）58 東大入試突破への現代文の習慣
（　）62 難関大学現役合格のカギは「早期スタート」と「計画性・実行力」
（　）64 東大生リトの　とリトめのない話
（　）66 キャンパスデイズ十人十色
（　）69 Success Book Review
（　）70 マナビー先生の最先端科学ナビ
（　）77 for中学生 らくらくプログラミング
（　）78 なぜなに科学実験室
（　）82 中学生のための経済学
（　）84 中学生の味方になる子育て 楽しむ　伸びる　育つ
（　）85 ピックアップニュース！
（　）86 思わずだれかに話したくなる 名字の豆知識
（　）88 13歳からはじめる読解レッスン
（　）93 サクセス印のなるほどコラム
（　）94 中学生でもわかる 高校数学のススメ
（　）98 ミステリーハンターQの タイムスリップ歴史塾
（　）99 耳よりツブより情報とどきたて
（　）100 解いてすっきり パズルでひといき

FAX.03-3253-5945

FAX番号をお間違えのないようお確かめください

サクセス15の感想

高校受験ガイドブック2024 ② Success15

発　行：2024年1月18日 初版第一刷発行
発行所：株式会社グローバル教育出版　〒101-0047 東京都千代田区内神田2-4-2 一広グローバルビル3F
ＴＥＬ：03-3253-5944
ＦＡＸ：03-3253-5945
Ｈ　Ｐ：https://success.waseda-ac.net/
e-mail：success15@g-ap.com

郵便振替口座番号：00130-3-779535
編　　集：サクセス編集室
編集協力：株式会社 早稲田アカデミー

【個人情報利用目的】ご記入いただいた個人情報は、プレゼントの発送およびアンケート調査の結果集計に利用させていただきます。